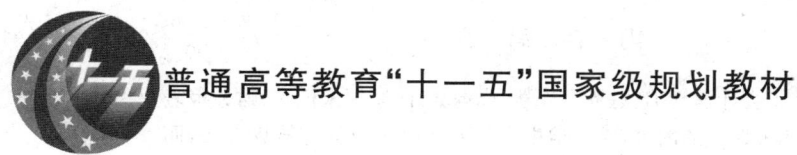

普通高等教育"十一五"国家级规划教材

高职高专财经类教材系列

会计综合实训教程

王剑英　高慧芸　主　编

许香兰　李锦元　副主编

科学出版社

北　京

内 容 简 介

本书涵盖了会计学基础、财务会计学、成本会计学、国家税收、财务报表分析、审计等相关课程的内容,要求学生不但要掌握企业会计核算方法,而且还要求掌握各种纳税申报表的计算、申报、缴纳,以及对财务报告案例的分析、审计案例分析的能力。

全书繁简适当,仿真性强,便于操作和理解。编选的业务量适中、覆盖面广泛,涵盖了一般企业经济活动的内容,实用性强,而且真实易懂,便于学生掌握会计实际操作技能。

本书适合财经类各专业高职高专学生作为教材选用。

图书在版编目(CIP)数据

会计综合实训教程/王剑英、高慧芸主编. —北京:科学出版社,2008
(普通高等教育"十一五"国家级规划教材·高职高专财经类教材系列)
ISBN 978-7-03-021955-8

Ⅰ.会… Ⅱ.①王… ②高… Ⅲ.会计学-高等学校:技术学校-教材
Ⅳ.F230

中国版本图书馆 CIP 数据核字(2008)第 067882 号

责任编辑:唐寅兴/责任校对:刘彦妮
责任印制:吕春珉/封面设计:耕者设计工作室

科 学 出 版 社 出版
北京东黄城根北街 16 号
邮政编码:100717
http://www.sciencep.com

三河市骏杰印刷有限公司印刷
科学出版社发行 各地新华书店经销

*

2008 年 6 月第 一 版   开本:787×1092 1/16
2016 年 11 月第八次印刷   印张:23
字数:545 000

定价:35.00 元
(如有印装质量问题,我社负责调换〈骏杰〉)
销售部电话 010-62136131 编辑部电话 010-62135235(VP04)

前　言

　　会计学是一门理论性、实践性很强的学科，其中实践过程是会计学专业教学的必要环节。在教学过程中，必须理论联系实际，才能使学生巩固和加深对课程内容的理解掌握。我们本着培养既有理论知识又有实践能力的应用型复合人才的宗旨，结合多年的教学与实践工作经验，编写了本书。通过本书的应用，可以强化实践教学这一教学薄弱环节，缩短理论教学与实践的差距，大大提高学生分析问题、解决问题的能力和实际操作能力，解决学生毕业实习难、效果差的问题。

　　本书以国家最新颁布并执行的企业会计准则、税收法规、银行结算制度为依据，以某食品厂 2012 年 12 月份的经济业务为主要素材，在此基础上加以提炼、选编而成，其内容涵盖了会计学基础、财务会计学、成本会计学、国家税收、财务报表分析、审计等相关课程的内容。要求学生完成从原始凭证、记账凭证、账簿到会计报表全过程的会计实务操作；财务报表的分析；审计报告的撰写；各种纳税报表的计算、申报与缴纳和各种银行结算方式的使用。

　　本书设计新颖，具有知识面广、繁简适当、仿真性强、实用性强的特点，便于学生理解并掌握会计实际操作技能。适用于高职高专财经类各专业的教学，同时也可供在职财会人员参考及使用。

　　本书由山西省财政税务专科学校王剑英教授、高慧芸副教授担任主编，负责编写工作的策划、统筹，组织参编人员调查研究论证。由山西省财政税务专科学校许香兰副教授、李锦元副教授担任副主编。第 1 章由许香兰副教授编写；第 2 章由许香兰副教授、高慧芸副教授编写；第 3 章由山西省财政税务专科学校李美琴副教授、黑龙江工商职业技术学院王秀兰编写；第 4 章由高慧芸副教授编写；第 5 章由山西省财政税务专科学校裴淑琴副教授编写；第 6 章由李锦元副教授编写；第 7 章由天华中兴会计师事务所有限公司上海分所常大磊会计师编写。在编写的过程中，得到了太原市食品三厂曹英同志、怀仁化肥厂王文涛同志、山西省财政税务专科学校康建军教授、中国工商银行山西省分行营业部财务会计部李雪同志的大力协助与帮助，在此一并表示感谢。

　　限于作者水平，书中难免存在疏漏之处，敬请读者不吝指正。

目　　录

第 1 章

企业概况与相关会计制度

1.1 康达食品厂企业概况

1. 企业性质、注册资金及经营范围

企业性质：国有工业企业

注册资金：870 万元，其中固定资产 662 万元

经营范围：生产、销售面包及饼干

法定代表人：王伟（厂长）

纳税人登记号：1601287396711011（为增值税一般纳税人）

该企业银行开户及证券公司开户情况：

基本存款账户：工行山西省分行营业部五一广场支行　账号：278—65840235

一般存款账户：农业银行山西省分行解放支行　账号：87169278

证券资金账户：凯达证券公司　　账号：A237447188

2. 企业内部组织机构

该厂在册职工 120 人，设有供应科、生产科、销售科、劳资科、行政科、财务科和办公室 7 个科室。供应科下设材料仓库，销售科下设产成品仓库。生产科下设面包车间和饼干车间两个封闭式基本生产车间，分别生产椰蓉面包、豆沙面包、苏打饼干、芝麻饼干 4 种产品；为配合本企业生产经营，另设供汽车间和机修车间两个辅助生产车间。财务科会计主管罗雪，出纳员张平，如图 1-1 所示。

3. 企业生产特点

康达食品厂的生产过程为连续式多步骤生产，原材料在生产开始时一次投入，各种产成品的生产工序均集中在本车间内完成。机修车间为全厂提供修理劳务，供汽车间为全厂生产和生活服务，产品生产完工后由基本生产车间交产成品仓库验收入库，销售科负责产品销售并开具发货票及异地销售的代办托运等事宜。其生产流程如图 1-2 所示。

1.2 康达食品厂会计核算组织程序

该厂实行厂部一级会计核算制，采用科目汇总表会计核算组织程序，即根据记账凭证定期编制科目汇总表，再根据科目汇总表登记总分类账。具体处理程序如下：

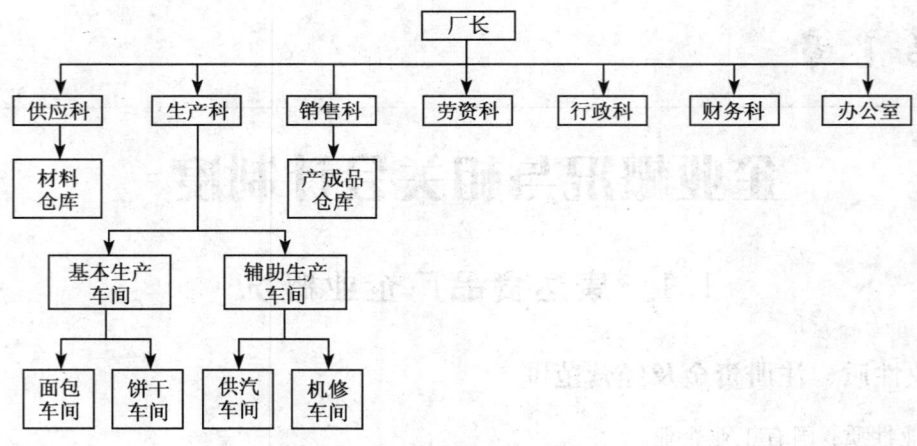

图 1-1　企业内部组织机构图

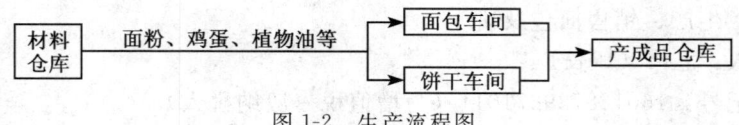

图 1-2　生产流程图

（1）按照业务发生的时间顺序填制原始凭证或根据原始凭证编制汇总原始凭证并进行审核。

（2）根据审核无误的原始凭证或汇总原始凭证，编制记账凭证。

（3）根据收款凭证、付款凭证及所附原始凭证逐笔登记现金日记账和银行存款日记账。

（4）根据原始凭证、汇总原始凭证和记账凭证，逐笔登记各种明细分类账。

（5）根据各种记账凭证分旬汇总编制科目汇总表。

（6）根据科目汇总表登记总分类账。

（7）期末结账后，总分类账与所属明细分类账的余额、总分类账与现金日记账、银行存款日记账的余额核对相符。

（8）期末，根据总分类账和明细分类账的记录，编制财务报表。

科目汇总表账务处理程序如图 1-3 所示。

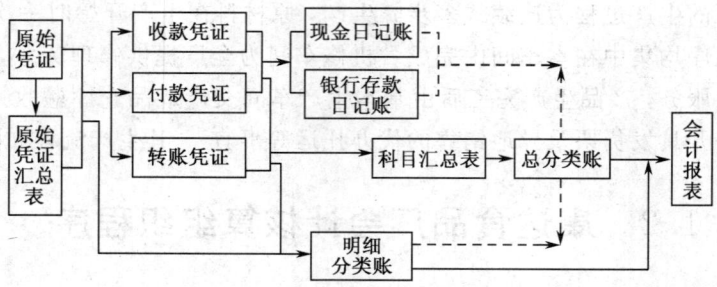

图 1-3　科目汇总表账务处理程序

1.3　康达食品厂相关会计核算制度

1. 资产业务核算

（1）该厂库存现金限额为 2 500 元，超过库存限额的现金应及时送存银行。企业每笔现金的收支，均应由会计人员编制收、付款凭证据以进行总分类核算；由出纳人员根据审核后的现金收、付款凭证及所附原始凭证，按照现金业务发生的先后顺序逐日逐笔序时登记库存现金日记账。每日终了，应根据登记的"库存现金日记账"结余数与实际库存数进行核对，做到账实相符。月份终了，"库存现金日记账"必须与"库存现金"总账账户的余额核对相符。

企业应根据不同转账结算方式下收支银行存款的原始凭证，编制银行存款收、付款凭证，据以进行总分类核算；由出纳人员根据审核后的原始凭证和银行收、付款凭证，按照银行存款业务发生的先后顺序逐日逐笔序时登记"银行存款日记账"，每日终了应结出余额。"银行存款日记账"应定期与"银行对账单"核对，每月核对一次。企业账面结余与银行对账单余额之间如有差额，必须逐笔查明原因并按月编制"银行存款余额调节表"，使差额调节相符。月份终了，"银行存款日记账"的余额必须与"银行存款"总账账户的余额核对相符。

（2）应收款项减值损失采用备抵法核算。企业于每年年末估计应收款项减值损失，提取坏账准备并转作当期费用。实际发生减值损失时，直接冲减已计提的坏账准备，同时转销相应的应收款项余额。对于应收款项减值损失的计量应区别情况进行确定：

①对于单项金额重大的应收款项应当单独进行减值测试。有客观证据表明其发生了减值的，应当根据其未来现金流量现值低于其账面价值的差额，确认减值损失，计提坏账准备。

②对于单项金额非重大的应收款项与经单独测试后未减值的应收款项一起按类似信用风险特征划分为若干组合，再按这些应收款项组合在资产负债表日余额的一定比例计算确定减值损失，计提坏账准备。企业应根据以前年度与之相同或相类似的、具有类似信用风险特征的应收款项各账龄区间的实际损失率，结合现时情况确定本期各账龄区间计提坏账准备的比例，如表 1-1 所示。

表 1-1　估计坏账损失比例表

应收款项拖欠情况	未到期	过期 0～1 年	过期 1～2 年	过期 2～3 年	过期 3 年以上	破产或追诉中
估计坏账损失率	0.5%	10%	15%	20%	25%	80%

短期应收款项的预计未来现金流量与其现值相差很小的，在确定相关减值损失时，可不对其预计未来现金流量进行折现。

（3）该厂主要原材料为面粉、植物油、鸡蛋、食糖、精碘盐等，由供应科根据生产计划组织采购。同城材料购进业务主要采用支票结算方式，由供应科到财务科领取转账支票办理采购，财务科凭支票存根和供货发票编制付款凭证入账；异地材料购进业务根据购销合同规定的结算方式办理，财务科收到银行转来的结算凭证付款通知联后，交供应科核对采购合同无误后承付货款。材料仓库根据供应科填制的材料入库单办理手续。月终，财务科根据材料仓库转来的"收料凭证"编制"收料凭证汇总表"，根据"收料凭证汇总表"进行材料入库核算；根据"材料领用单"和领料用途，编制"发料凭证汇总表"，根据"发料凭证汇总表"进行材料发出核算。该企业原材料按计划成本计价核算，在"原材料"总账下，按"原料及主要材料"、"辅助材料"、"备品备件"、"燃料"设二级明细账，并按品种规格设三级明细账，其三级明细核算由供应科所属仓库进行；材料成本差异核算只设总账，不分类设明细账，材料成本差异月末一次结转。

（4）包装物和低值易耗品均采用实际成本计价核算，发出时按全月一次加权平均法计价。该厂包装物主要为生产过程领用，用于包装产品、成为产品的组成部分，故发出时采用一次摊销法结转其成本，企业应在"包装物"总账下，按品种规格设明细分类账。低值易耗品发出时采用分次摊销法核算其成本，在"低值易耗品"总账下，按"劳保用品"、"工具"、"管理用具"设二级明细账，并在其下设"在库"、"在用"、"摊销"三级明细账。

（5）产成品按实际成本计价核算，发出产成品成本按全月一次加权平均法计价。

（6）该企业固定资产采用平均年限法分类计算折旧，年折旧率分别为：房屋建筑物3％，机器设备6％，运输设备8％，管理设备12％。

（7）该企业长期股权投资，对被投资单位具有共同控制或重大影响时采用权益法核算；对被投资单位具有控制，或不具有控制、共同控制和重大影响，且在活跃市场中没有报价、公允价值不能可靠计量时，采用成本法核算。

（8）该企业无形资产均为使用寿命有限的无形资产，采用平均年限法按年摊销，其残值为零。

（9）企业在资产负债表日应当判断资产诸如长期股权投资、固定资产、无形资产等非流动资产是否存在可能发生减值的迹象。如果存在减值迹象的，应当进行减值测试，估计资产的可收回金额。可收回金额低于账面价值的，应当按照可收回金额低于账面价值的金额，确认资产减值损失，计入当期损益，同时计提相应的资产减值准备。资产减值损失一经确认，在以后会计期间不得转回。

2. 负债业务核算

（1）企业应付职工薪酬包括工资、职工福利费、五险一金、工会经费、职工教育经费和非货币性福利等。工资计算采用月薪制，日工资按 21.5 天计算。职工福利费依据当期实际发生金额据实列支。"五险一金"包括养老保险、医疗保险、失业保险、工伤保险和生育保险等社会保险及住房公积金，企业应当按照职工工资总额的一定比例计算确定，其中：单位缴纳养老保险比例为 21％，个人缴纳养老保险比例为 8％；单位缴纳失业保险费比例为 2％，个人缴纳失业保险费比例为 1％；单位缴纳医疗保险费比例为9％，个人缴纳医疗保险费比例为 2％；工伤保险的比例为 0.5％（全部由单位缴纳）；生育保险费比例为 0.8％（全部由单位缴纳），单位缴纳住房公积金比例为 10％，个人缴纳住房公积金比例为 6%。五险一金中个人缴纳的部分由企业代扣代交。工会经费按职工工资总额的 2% 计算确定。职工教育经费按职工工资总额的 1.5% 计算确定。企业应当在"应付职工薪酬"总账账户下，按照"工资"、"职工福利"、"社会保险费"、"住房公积金"、"工会经费"、"职工教育经费"和"非货币性福利"等应付职工薪酬项目进行明细核算。

（2）该企业适用的增值税税率为 17%，城市维护建设税税率为 7%，教育费附加征收率为 3%，增值税、城市维护建设税、教育费附加月末计算，次月 10 日内缴纳。该企业所得税适用的税率为 25%，所得税按年计算，分月预交，年终汇算清交，多退少补。

3. 收入、成本、费用业务核算

（1）本地销售由销售科开票，财务科根据销售发票记账联入账；销往外地的产品由销售科代办托运、代垫运杂费，财务科根据销售发票及有关凭证办理结算手续并入账。该企业销售产品实行现金折扣政策，折扣条件为 2/10，1/20，n/30，只对价格折扣。

（2）该厂成本核算采用一级核算制，成本计算采用品种法。

（3）该厂基本生产费用的核算设置"基本生产成本"总账，并按"面包车间"、"饼干车间"设置二级明细账户及按"椰蓉面包"、"豆沙面包"、"苏打饼干"、"芝麻饼干"设置三级明细账户进行明细核算，产品成本项目按"直接材料"、"直接人工"、"制造费用"设置。面包车间生产产品共同耗用的材料费用按各产品所耗面粉的重量比例进行分配；饼干车间生产产品共同耗用的材料费用以及各基本生产车间的工资费用、水电费，采用"产品产量比例分配法"进行分配。月末，计算结转完工产品成本，无在产品。

（4）该厂辅助生产费用的核算设置"辅助生产成本"总账，并按"机修车间"、"供汽车间"设置明细账户进行，月终由财务科根据各受益部门的原始记录采用"一次交互分配法"进行分配。

（5）制造费用按"面包车间"、"饼干车间"设置明细账户，并按费用项目设置专栏进行明细核算，月末，将各车间发生的制造费用采用"产品产量比例分配法"分配给本车间生产的各种产品，辅助生产车间不单独进行制造费用的核算。

（6）核算过程中，各项费用分配率、材料成本差异率均保留四位小数，分配金额保留两位小数，尾差（发出材料成本差异，发出库存商品）挤到期末结存，其他尾差在末项调整。

4. 所得税业务核算

该企业所得税采用资产负债表债务法进行核算。

（1）资产负债表日，企业应当按照税法规定计算当期应交所得税（即当期所得税），并在"应交税费"账户下设置"应交所得税"明细账户进行核算。企业应当设置"所得税费用"账户核算计入当期损益的所得税费用，并在其下设置"当期所得税"和"递延所得税"明细账户。对资产、负债的账面价值与计税基础的不同而确认可抵扣暂时性差异产生的递延所得税资产，企业应设置"递延所得税资产"账户，并按可抵扣暂时性差异等项目进行明细核算；对资产、负债的账面价值与计税基础的不同而确认应纳税暂时性差异产生的递延所得税负债，企业应设置"递延所得税负债"账户，并按应纳税暂时性差异等项目进行明细核算。

（2）资产负债表日，企业应当按照企业会计准则中对于资产和负债计税基础的确定方法，以适用的税收法规为基础，确定资产负债表中有关资产、负债项目的计税基础，并比较资产、负债的账面价值与负债计税基础的不同，确认应纳税暂时性差异和可抵扣暂时性差异。当资产的账面价值大于其计税基础或负债的账面价值小于其计税基础时，会产生应纳税暂时性差异，从而形成递延所得税负债；当资产的账面价值小于其计税基础或负债的账面价值大于其计税基础时，会产生可抵扣暂时性差异，从而形成递延所得税资产。

本企业资产在初始确认时，其账面价值等于计税基础，即资产取得时的成本。后续计量时，因企业会计准则和税法规定不同而产生差异。其差异主要包括：

① 交易性金融资产。按照企业会计准则的规定，资产负债表日，企业的交易性金融资产应以其公允价值反映，其公允价值变动计入当期损益；而税法规定交易性金融资产持有期间的公允价值变动所产生的损益不应计入应纳税所得额，出售时一并计算应计入应纳税所得额的金额。

② 应收款项。按照企业会计准则的规定，资产负债表日，企业应估计各项应收款项减值损失，提取坏账准备并转作当期费用。而税法规定，未经核定的准备金支出，在计算应纳税所得额时不得扣除，计提坏账准备的年末应收账款是纳税人因销售商品、产品或提供劳务等原因，应向购货客户或接受劳务的客户收取的款项，包括代垫的运杂费。

③ 存货。按照企业会计准则的规定，资产负债表日，当有迹象表明存货发生减值时，企业应将存货的可变现净值低于成本的差额确认资产减值损失，并计入当期损益，同时计提存货跌价准备；而税法规定，企业的存货跌价准备不得税前扣除。

④ 持有至到期投资，按照企业会计准则的规定，资产负债表日，当有客观证据表明其发生减值的，应当计提减值准备；而税法规定，企业的持有至到期投资减值准备不得税前扣除。

⑤ 长期股权投资，按照企业会计准则的规定，资产负债表日，当有迹象表明其发生减值的，企业应当将其可收回金额低于其账面价值的差额确认资产减值损失，并计入当期损益，同时计提相应的资产减值准备；而税法规定，企业的长期股权投资减值准备不得税前扣除。

⑥ 固定资产，按照企业会计准则的规定，资产负债表日，当有迹象表明其发生减值的，企业应当将其可收回金额低于其账面价值的差额确认资产减值损失，并计入当期损益，同时计提相应的资产减值准备；而税法规定，企业固定资产减值准备不得税前扣除。企业固定资产的折旧年限、折旧方法与税法规定相同，均采用直线法计提折旧。

⑦ 无形资产，按照企业会计准则的规定，资产负债表日，当有迹象表明其发生减值的，企业应当将其可收回金额低于其账面价值的差额确认资产减值损失，并计入当期损益，同时计提相应的资产减值准备；而税法规定，企业无形资产减值准备不得税前扣

除。企业无形资产的摊销年限、摊销方法与税法规定相同，均采用直线法摊销。

本企业负债的计税基础即为其账面价值，如企业的短期借款、应付票据等。

（3）企业应当将资产负债表日的应纳税暂时性差异与适用的所得税税率的乘积确认为"递延所得税负债"账户的期末余额，并将其与"递延所得税负债"账户的期初余额进行比较。如果期末余额大于期初余额，即为本期增加的递延所得税负债，反之，为本期转回或减少的递延所得税负债。企业应当将资产负债表日的可抵扣暂时性差异与适用的所得税税率的乘积确认为"递延所得税资产"账户的期末余额，并将其与"递延所得税资产"账户的期初余额进行比较，如果期末余额大于期初余额，即为本期增加的递延所得税资产，反之，为本期转回或减少的递延所得税资产。

企业在确认递延所得税资产时，还应注意：

① 递延所得税资产确认应以未来期间可能取得的应纳税所得额为限。假定企业在可抵扣暂时性差异转回的未来期间能够产生足够的应纳税所得额。

② 按照税法规定可以结转以后年度的未弥补亏损和税款抵减，应视同可抵扣暂时性差异处理。在预计可利用可弥补亏损或税款抵减的未来期间内能够取得足够的应纳税所得额时，应当以很可能取得的应纳税所得额为限，确认相应的递延所得税资产，同时减少确认当期的所得税费用。

（4）其他相关规定。

① 国债的利息收入不计入应纳税所得额。

② 企业违法经营的罚款、被没收财物的损失，各项税收的滞纳金、罚款和罚金不得税前扣除。

③ 企业的实发工资超过计税工资的部分不得税前扣除（注：本企业的实发工资未超过计税工资）。

④ 企业发生的与生产经营活动有关的业务招待费支出，按照发生额的 60％ 扣除，但最高不得超过当年销售（营业）收入的 5‰。当年销售（营业）收入是当年实现的主营业务收入、其他业务收入和视同销售收入的合计。

5. 利润及其分配业务核算

（1）该企业于年末一次提取法定盈余公积，提取比例为税后净利润的 10％。

（2）该企业按提取盈余公积后净利润的 80％ 向投资者分配利润。

第 2 章

会计核算实务模拟实验

【实验目的】

通过会计核算模拟实验,使学生能够依据国家颁布的会计准则,系统、全面地掌握企业会计核算的基本程序和具体处理方法;加强学生对会计基本理论的理解及会计基本技能的训练,缩短理论教学与实践的差距,提高学生分析问题、解决问题的能力和实际操作能力。

【实验程序与要求】

本实验按照实际工作中处理经济业务的程序进行,首先从建账开始,经过填制和审核原始凭证、编制记账凭证、登记账簿、成本计算、财产清查、结账、对账、编制会计报表,最后将凭证、账簿、报表加具封面,装订成册,归档保管。具体步骤如下所述:

1. 建账

根据资料中所给康达食品厂 2012 年 12 月初账户余额表在账簿中开设账户,包括总账、日记账和各种明细账,包括期初无余额的成本类和损益类账户。采用计算机核算时,一级账户按企业会计制度的规定设置代码,二级及三级明细账户根据经济业务的内容设置代码。

2. 填制和审核会计凭证

按照业务发生的时间顺序进行会计处理。首先按照合规、合法、合理的原则填制和审核原始凭证,对于符合要求的原始凭证,从本教程中剪下,据以编制记账凭证,并将原始凭证贴在记账凭证的后面;对于不符合要求的原始凭证,不予办理会计手续。对于材料收、发的凭证,平时据以登记材料明细账;月终,根据全月收、发料凭证编制收、发料凭证汇总表,再根据收、发料凭证汇总表编制记账凭证。记账凭证编制完毕,均应认真审核,检查记账凭证是否正确地反映了原始凭证的内容,编制的会计分录是否正确。记账凭证的编号采用分类编号法,分旬根据记账凭证编制科目汇总表。

3. 登记账簿

平时,根据收款、付款凭证及所附原始凭证逐笔登记库存现金日记账和银行存款日记账;根据记账凭证及所附原始凭证逐笔登记明细账(库存材料三级明细账除外);科目汇总表每 10 天汇总一次,并根据科目汇总表登记总账。

4. 成本计算

康达食品厂成本计算采用品种法。设置的成本项目为:直接材料、直接人工和制造费用。设置的一级账户是"基本生产成本"，二级明细账户是"饼干车间"和"面包车间"，三级明细账户按产品类别设置。

5. 结账与对账

月终，结出每一总分类账户、明细分类账户、日记账的借贷方发生额合计及余额，并进行账账、账证核对，对账完毕，做出结账标记。

6. 编制会计报表

年末，根据总账、明细账及有关业务、资料编制康达食品厂 2012 年 12 月 31 日的资产负债表、2012 年度利润表和 2012 年 12 月份的现金流量表。

7. 会计档案归档

记账凭证按编号顺序分旬装订成册。装订时，科目汇总表放在首页。装订完毕，按册粘贴封皮，并填写有关内容。会计账簿按年装订成一册。所有的会计凭证和会计账簿都需归档，在档案登记簿中予以登记（档案登记簿略）。

8. 实验报告

实验完毕写出实验报告，其内容主要有：实验收获、存在的问题及改进建议。

【实验用账表】（表 2-1，表 2-2）

表 2-1　实验用记账凭证数量统计表

旬　次	填制记账凭证/张		
	收　款	付　款	转　账
上	9	13	13
中	2	13	12
下	12	15	80
合　计	23	41	105

表 2-2　实验用账簿报表数量统计表

名　称	单位	用量	名　称	单位	用量
三栏式总账	页	70	科目汇总表	张	4
三栏式日记账	页	6	应交增值税明细账	张	2
数量金额式明细账	页	30	记账凭证封皮	张	3
三栏式明细账	页	80	资产负债表	张	1
多栏式明细账	页	24	利润表	张	1

名　称	单位	用量	名　称	单位	用量
材料采购明细账	页	2	现金流量表	张	1
材料成本差异明细账	页	2	报表封面	张	1
账簿启用及经管人员一览表	页	1			

注：三栏式明细账账页用于"其他货币资金"、"应收账款"、"其他应收款"、"应收票据"、"应收利息"、"坏账准备"、"原材料二级账"、"持有至到期投资"、"长期股权投资"、"固定资产二级账"、"累计折旧"、"应付账款"、"应付职工薪酬"、"应交税费"、"长期借款"、"所得税费用"、"递延所得税资产"、"递延所得税负债"明细账的设置，其他明细账略。

多栏式明细账账页用于"基本生产成本"（包括二级明细账和三级明细账）、"辅助生产成本"、"制造费用"、"主营业务收入"、"主营业务成本"、"管理费用"、"财务费用"、"本年利润"、"利润分配"明细账的设置，其他明细账略。

低值易耗品总账下，设"劳保用品"、"工具"、"管理用具"、"模具"二级账，为简化处理，仅设"模具数量金额式明细账"。

【实验资料】

2.1　建账资料

1. 企业会计科目表及 2012 年 12 月初账户余额（表 2-3）

表 2-3　企业会计科目表及 2012 年 12 月初账户余额

总账账户	二级账户	明细账户	借方余额	贷方余额
一、资产类				
库存现金			1 876.00	
银行存款			631 720.62	
其他货币资金		存出投资款	100 000.00	
交易性金融资产				
应收票据			35 000.00	
		北京王府井副食大楼	20 000.00	
		山东太平商厦	15 000.00	
应收账款			245 604.00	
		华兴食品店	40 000.00	
		中兴副食品商场	62 874.00	
		友谊华联商厦		47 270.00
		无锡副食商场	126 480.00	
		郑州德化副食品大楼	63 520.00	
其他应收款			6 500.00	
	备用金	行政科	5 000.00	
		段青	1 500.00	
应收利息				
坏账准备				2 180.00

续表

总账账户	二级账户	明细账户	借方余额	贷方余额
		应收账款		1 430.00
		应收票据		850.00
		预付账款		
		其他应收款	100.00	
		应收利息		
材料采购				
原材料			681 455.00	
	原料及主要材料		567 610.00	
	辅助材料		83 090.00	
	备品备件		8 190.00	
	燃料		22 565.00	
材料成本差异			8 213.00	
包装物			34 500.00	
低值易耗品			21 880.00	
	劳保用品	在库	1 020.00	
		在用	6 120.00	
		摊销		3 060.00
	工具	在库	1 000.00	
		在用	2 240.00	
		摊销		1 120.00
	管理用具	在库	5 000.00	
		在用	21 360.00	
		摊销		10 680.00
	模具	在库		
		在用		
		摊销		
库存商品			282 700.00	
		椰蓉面包	54 000.00	
		豆沙面包	71 500.00	
		苏打饼干	86 400.00	
		芝麻饼干	70 800.00	
委托代销商品				
存货跌价准备				
持有至到期投资			51 467.00	
	公司债券	成本	50 000.00	
		利息调整	1 467.00	
长期股权投资	飞天有限责任公司	成本	800 000.00	
固定资产			6 622 750.00	
	房屋及建筑物		3 320 000.00	
	机器设备		2 084 000.00	
	运输设备		1 018 750.00	
	管理设备		200 000.00	
累计折旧				1 014 215.00
	房屋及建筑物			200 005.00

续表

总账账户	二级账户	明细账户	借方余额	贷方余额
	机器设备			686 180.00
	运输设备			75 030.00
	管理设备			53 000.00
固定资产减值准备				
在建工程			1 136 400.00	
		职工俱乐部	452 100.00	
		厂房	684 300.00	
固定资产清理				
无形资产			1 850 000.00	
	专利权		150 000.00	
	土地使用权		1 700 000.00	
累计摊销				230 000.00
	专利权			30 000.00
	土地使用权			200 000.00
待处理财产损溢				
递延所得税资产	应收票据		411.88	
	应收账款		124.38	
	其他应收款		75.00	
二、负债类				
短期借款		生产周转借款		120 000.00
应付票据				178 180.00
		原野面粉厂		118 480.00
		宏达农牧场		59 700.00
应付账款				818 960.00
		临汾副食品公司		4 100.00
		东关养鸡厂		74 820.00
		保定植物油厂		187 961.00
		省副食品公司		121 039.00
		运城市面粉厂		451 040.00
		雅苑果脯食品厂	20 000.00	
应付职工薪酬				117 960.00
	工资			
	职工福利			
	社会保险费			71 894.00
	住房公积金			25 966.00
	工会经费			13 400.00
	职工教育经费			6 700.00
应交税费			178 720.00	
		应交所得税	250 000.00	
		未交增值税		64 800.00
		应交城市维护税		4 536.00
		应交增值税		

续表

总账账户	二级账户	明细账户	借方余额	贷方余额
		应交营业税		
		应交教育费附加		1 944.00
其他应付款				
应付利息		短期借款利息		1 600.00
应付股利				
长期借款	流动资金借款	本金		200 000.00
应付债券				
递延所得税负债			212.50	
三、所有者权益类				
实收资本	国家资本金			8 700 000.00
盈余公积				272 352.50
	法定盈余公积			272 140.00
资本公积				
本年利润				1 056 870.00
利润分配	未分配利润		23 120.00	
四、成本类				
基本生产成本	面包车间	椰蓉面包		
		豆沙面包		
	饼干车间	苏打饼干		
		芝麻饼干		
辅助生产成本	机修车间			
	供汽车间			
制造费用	面包车间			
	饼干车间			
五、损益类				
主营业务收入				
其他业务收入				
公允价值变动损益				
投资收益				
营业外收入				
主营业务成本				
其他业务成本				
营业税金及附加				
销售费用				
管理费用				
财务费用				
资产减值损失				
营业外支出				
所得税费用				

2. 企业 2012 年 12 月初包装物结存表（表 2-4）

表 2-4 企业 2012 年 12 月初包装物结存表

品　　名	计量单位	数　　量	单　　价	金　　额
椰蓉面包袋	包	180	70.00	12 600.00
豆沙面包袋	包	220	70.00	15 400.00
苏打饼干盒	个	2 700	1.00	2 700.00
芝麻饼干盒	个	3 800	1.00	3 800.00
合　　计				34 500.00

3. 企业 2012 年 12 月初库存原材料结存表（表 2-5）

表 2-5 企业 2012 年 12 月初库存原材料结存表

材料类别、品种		计量单位	数　　量	计划单价	金　　额
原料及主要材料	面粉	公斤	90 000	2.10	189 000.00
	鸡蛋	公斤	11 600	4.80	55 680.00
	植物油	公斤	21 800	10.00	218 000.00
	白砂糖	公斤	7 150	4.20	30 030.00
	精碘盐	公斤	2 000	1.50	3 000.00
	香精	公斤	590	40.00	23 600.00
	豆沙	公斤	3 000	4.10	12 300.00
	黄油	公斤	3 000	12.00	36 000.00
	小　计				567 610.00
辅助材料	芝麻	公斤	150	14.00	2 100.00
	椰蓉	公斤	200	12.00	2 400.00
	苏打	公斤	125	2.00	250.00
	机油	公斤	3 000	12.00	36 000.00
	添加剂	公斤	730	58.00	42 340.00
	小　计				83 090.00
备品备件	螺丝	公斤	390	6.00	2 340.00
	漏斗	个	50	117.00	5 850.00
	小　计				8 190.00
燃料	汽油	升	1 855	3.00	5 565.00
	煤	吨	100	170.00	17 000.00
	小　计				22 565.00

4. 企业 2012 年 12 月初库存商品结存表（表2-6）

表 2-6　企业 2012 年 12 月初库存商品结存表

品　　名	计量单位	数　　量	实际单位成本	金　　额
椰蓉面包	公斤	11 000	4.91	54 000.00
豆沙面包	公斤	13 000	5.50	71 500.00
苏打饼干	公斤	17 000	5.08	86 400.00
芝麻饼干	公斤	14 000	5.06	70 800.00
合　　计				282 700.00

5. 成本费用明细账中成本项目与费用明细项目

"基本生产成本"明细项目

直接材料	直接人工	制造费用

"辅助生产成本"明细项目

材料费	职工薪酬	水电费	折旧费	采暖费	其他

"制造费用"明细项目

材料费	职工薪酬	水电费	折旧费	采暖费	其他

"管理费用"明细项目

材料费	职工薪酬	折旧费	水电费	业务招待费	差旅费	办公费	修理费	采暖费	无形资产摊销	低值易耗品摊销	其他

2.2　康达食品厂 2012 年 12 月份经济业务

（1）12 月 1 日，冲销上月暂估材料款，见表 2-7 材料入库单。

表 2-7　材料入库单示例

材料入库单

供应单位：**临汾副食品公司**　　材料科目：　　　　　　　　编号：

发票号码：　　　　　2012 年 11 月 27 日　　材料类别：**原料及主要材料**　　仓库：**材料库**

材料编号	名　称	规　格	计量单位	数　量		实 际 成 本				计划成本		② 财会
				应收	实收	买　价		运杂费	其他	合计	单位成本	金额	
						单价	金额						
	豆沙		公斤	1 000	1 000						4.10	4 100.00	

收料人：**张晚平**　　供应部门负责人：**王尔康**　　保管：**赵启明**　　经手人：**王小玲**

注：一般，企业以上月入账记账凭证的复印件作为月初冲销的附件。

（2）12 月 1 日，收到无锡副食商场前欠货款，见表 2-8 委托银行收款结算凭证。

表 2-8　委托银行收款结算凭证示例

托收凭证（收账通知）　　　　4

委托日期　　2012 年 11 月 25 日　　　　付款期限　　年　月　日

业务类型		委托收款　邮划　电划				托收承付　邮划　电划									
付款人	全　称	无锡副食商场			收款人	全　称	康达食品厂								
	账　号	286-54024				账　号	278-65840235								
	地　址	江苏省 无锡 市　开户行　工行解放路支行				地　址	山西省 太原 市　开户行　工行五一广场支行								
金额	人民币（大写）壹拾贰万陆仟捌佰捌拾元整						亿 千 百 十 万 千 百 十 元 角 分 ￥ 1 2 6 4 8 0 0 0								
款项内容	货款		托收凭据名称				附寄单证张数								
商品发运情况	已发运					合同名称号码									
备注		上列款项已划回收入方账户 转讫 收款人开户银行签章 2012 年 12 月 1 日													
复核　　　记账														

（印章：中国工商银行股份有限公司 太原市五一广场支行 2012 12 01）

此联为收款人开户银行给收款人的收账通知

（3）12 月 1 日，职工俱乐部建造完成，交付使用，见表 2-9 固定资产交付使用清册，竣工验收报告单略。

表 2-9　固定资产交付使用清册示例

固定资产交付使用清册

固定资产类别：*房屋建筑物*

固定资产项目名称	职工俱乐部	型 号及规格		建设单位	省建三公司	取得来源	自　建
原　值	452 100.00	其 中安装费		预计残值	55 610.00	预 计清理费	
建造日期	2012.5.20	验收日期	2012.12.1	开始使用日期	2012.12.10	预计使用年限	30
年折旧额	13 563.00	年折旧率	3%	月折旧额	1 130.25	月折旧率	0.25%
投入日期		投入时已使用年 限		尚能使用年限		投入时已提折旧 额	

接收单位负责人：*王伟*　　　　交出单位负责人：*刘斌*

（4）12 月 1 日，以房屋一幢对通华工厂进行长期股权投资，见表 2-10 固定资产投资移交使用单。

表 2-10　固定资产投资移交使用单示例

固定资产投资移交使用单

转入单位：*通华工厂*　　　　　　　　　　　　　　　　转入：2012.12.1
转出单位：*康达食品厂*　　　　2012 年 12 月 1 日　　转出：2012.12.1

名　称	规格型号	单位	数量	账面原值	公允价值	估计使用年限	已提折旧
房　屋		幢	1	700 000.00	600 000.00	20 年	175 000.00
合　计			1	700 000.00	600 000.00		175 000.00
附属设备							

转入单位主管：*李永祥*　　　转出单位主管：*王伟*　　　制单：

投资合同书（简）

接受投资单位：通华工厂（甲方）

投资单位：康达食品厂（乙方）

甲方为筹办饮料加工厂所需资金，经与乙方协议并遵守投资规定如下：

（1）乙方对甲方用房屋一幢作为投资。评估净值为 600 000 元，签订合同之日起交付使用。

（2）投资期限为 15 年，投资期内不得随意抽回投资额。

（3）投资额占甲方有表决权资本的 40%，并按此比例享受年利润的分配。

（4）乙方可参与甲方生产经营的监督和管理。

……

甲方签章：通华工厂　　　　　　　乙方签章：康达食品厂

合同签订时间：2012 年 11 月 20 日

注：2012 年 12 月 1 日，通华工厂可辨认净资产公允价值为 150 万元。

（5）12 月 3 日，购入包装纸，已验收入库，货款未付，见表 2-11 增值税专用发票、表 2-12 材料入库单。

表 2-11　增值税专用发票示例

山西增值税专用发票　No

发　票　联

开票日期：2012 年 12 月 3 日

购货单位	名　　称：康达食品厂 纳税人识别号：160128739671011 地址、电话：并州路 4060386 开户行及账号：工行五一广场支行 278—65840235						密码区	
货物或应税劳务名称	规格型号	单位	数量	单价	金额	税率	税额
包装纸		箱	250	40.00	10 000.00	17%	1 700.00
合　计					￥10 000.00		￥1 700.00
价税合计（大写）　⊗壹万壹仟柒佰元整						（小写）￥11 700.00	
销货单位	名　　称：晋源印刷厂 纳税人识别号：140325121158335 地址、电话：4129881 开户行及账号：工行解支 138—703825						备注	

收款人：　　　　复核：王向东　　　　开票人：黄武　　　　销货单位：(章)

第二联：发票联　购货方记账凭证

表 2-12　材料入库单示例

材料入库单

供应单位：晋源印刷厂　　　材料科目：　　　　编号：

发票号码：　　　2012 年 12 月 3 日　　　材料类别：辅助材料　　　仓库：材料库

材料编号	名称	规格	计量单位	数量		实际成本					计划成本	
				应收	实收	买价		运杂费	其他	合　计	单位成本	金额
						单价	金额					
	包装纸		箱	250	250	40.00	10 000.00			10 000.00	42.00	10 500.00

②财会

收料人：张晓平　　　供应部门负责人：王尔康　　　保管：赵启明　　　经手人：王小玲

（6）12 月 3 日，委托代销发出商品见表 2-13 产成品出库单。

代销协议（简）

甲方：**康达食品厂**

乙方：**龙城超市**

甲方为扩大产品销售渠道，委托乙方代为销售产品共计 40 000 公斤，其中：椰蓉面包 8 000 公斤，单位售价 9.50 元；豆沙面包 9 000 公斤，单位售价 9.50 元；苏打饼干 15 000 公斤，单位售价 10.00 元；芝麻饼干 8 000 公斤，单位售价 10.00 元。乙方销售后进行货款结算。

乙方按售价（不含增值税）10% 收取代销手续费。

甲方盖章：**康达食品厂**　　　　　　　　　　乙方盖章：**龙城超市**

　　2012 年 12 月 1 日　　　　　　　　　　　　2012 年 12 月 1 日

表 2-13　产品出库单示例

产 成 品 出 库 单

领用单位：**销售科**　　　　　　2012 年 12 月 3 日　　　　　　编号：

产品名称	规格型号	计量单位	出库数量	备　　注
椰蓉面包		公斤	8 000	
豆沙面包		公斤	9 000	
苏打饼干		公斤	15 000	
芝麻饼干		公斤	8 000	

主管：　　　　　审核：　　　　　保管：**王守明**　　　　　经手人：**张一清**

第三联　交财务科

（7）12 月 3 日，职工段青报销差旅费，见表 2-14 收据，表 2-15 差旅费报销单，车票和住宿费发票略。

表 2-14　收据示例

收　　据

年　　月　　日　　　　　　　　第___031___号

今收到_____

交　来_____

人民币（大写）_____　　　　　　¥_____

单位印章　　　　　会计主管　　　　　收款人　　　　　经手人

第三联　会计凭证

表 2-15　差旅费报销单示例

差旅费报销单

第_____页

部门：供应科　　　　　　　　　2012 年 12 月 3 日　　　　　　　　　共_____页

姓名	段青	出差事由	洽谈业务			出差日期	自 2012 年 11 月 20 日 至 2012 年 11 月 27 日			共 8 天

起止时间及地点						车船费		夜间乘车补助费			出差乘补费			住宿费		其　他	
月	日	起	月	日	讫	类别	金额	时间	标准	金额	日数	标准	金额	标准	金额	摘要	金额
11	20	太原	11	20	北京		120.00										
11	20	北京	11	27	北京						8	20.00	160.00	130.00	1 040.00		
11	27	北京	11	27	太原		120.00										
		小　　计					240.00				8	20.00	160.00	130.00	1 040.00		

总计金额（大写）　壹仟肆佰肆拾零元零角零分　　　预支 1 500.00　核销 1 440.00　退补 60.00

主管：罗雪　　　部门负责人：王尔康　　　审核：　　　填报人：段青

附单据共　叁　张

（8）12 月 4 日，向通宝公司出租汽车 3 辆，见表 2-16 进账单、表 2-17 租赁业发票、表 2-18 营业税计算表、表 2-19 收据。

表 2-16　进账单示例

中国工商银行 进账单（收账通知）　1

2012 年 12 月 4 日　　　　　　　No

付款人	全　　称	通宝公司	收款人	全　　称	康达食品厂
	账　　号	541—18		账　　号	278—65840235
	开户银行	工行迎办		开户银行	工行五一广场支行

人民币（大写）	壹万玖仟伍佰元整	千	百	十	万	千	百	十	元	角	分
					¥	1	9	5	0	0	0	0

票据种类	转	用途	出租汽车租金收入
票据张数	1		

单位主管　　　会计　　　复核　　　记账　　　　　收款人开户行盖章

通知。不作为提货依据。此联是收款人开户银行交给收款人的收账

表 2-17　租赁业发票示例

山西省租赁业发票

记　账　联

发票代码 000000000000
发票号码 00000000

单位或个人名称: 通宝公司　　　2012 年 12 月 4 日

项目	单位	数量	单价	金　　额							备注
				万	千	百	十	元	角	分	
出租汽车	辆	3	1500.00	4	5	0	0	0	0		
合计（大写）　×万肆仟伍佰零拾零元零角零分				¥	4	5	0	0	0	0	

收款单位（章）（此票无剪贴监督券无效）　　　开票人: 李斌　　　收款人: 张平

③记账联

剪券　　　　万元　剪券　　4321　千元　剪券　　54321　百元　剪券　　十元　剪券

表 2-18　营业税计算表示例

营业税计算表

2012 年 12 月 4 日

应税项目	应税金额/元	营业税税率	应交营业税/元
出租汽车收入	4 500	5%	225

表 2-19　收据示例

收　据

2012 年 12 月 4 日　　　　　　　　　　　　第032号

今收到 通宝公司

交　来 汽车租赁押金

人民币（大写）　壹万伍仟元整　　　　　　　　　¥ 15 000.00

单位印章　　　会计主管　　　收款人 张平　　　经手人

第三联　会计凭证

　　（9）12 月 4 日，从省副食品公司购入白砂糖，验收入库，见表 2-20 增值税专用发票、表 2-21 中国工商银行转账支票、表 2-22 材料入库单。

表 2-20　增值税专用发票示例

山西增值税专用发票
No

发　票　联

开票日期：2012 年 12 月 4 日

<table>
<tr><td rowspan="3">购货单位</td><td>名　　　称：康达食品厂</td><td rowspan="3">密码区</td></tr>
<tr><td>纳税人识别号：160128739671011</td></tr>
<tr><td>地址、电话：昇州路 4060386
开户行及账号：工行五一广场支行 278—65840235</td></tr>
</table>

货物或应税劳务名称	规格型号	单　位	数　量	单　价	金　额	税率	税　额
白砂糖		公斤	4 000	4.00	16 000.00	17%	2 720.00
合　计					￥16 000.00		￥2 720.00

价税合计（大写）	⊗壹万捌仟柒佰贰拾元整	（小写）￥18 720.00

<table>
<tr><td rowspan="3">销货单位</td><td>名　　　称：省副食品公司</td><td rowspan="3">备注</td></tr>
<tr><td>纳税人识别号：140127663892175</td></tr>
<tr><td>地址、电话：7223350
开户行及账号：工行营业部 3197693</td></tr>
</table>

收款人：曹一平　　　　复核：郑斌　　　　开票人：高巨　　　　销货单位：（章）

第二联：发票联　购货方记账凭证

表 2-21　中国工商银行转账支票示例

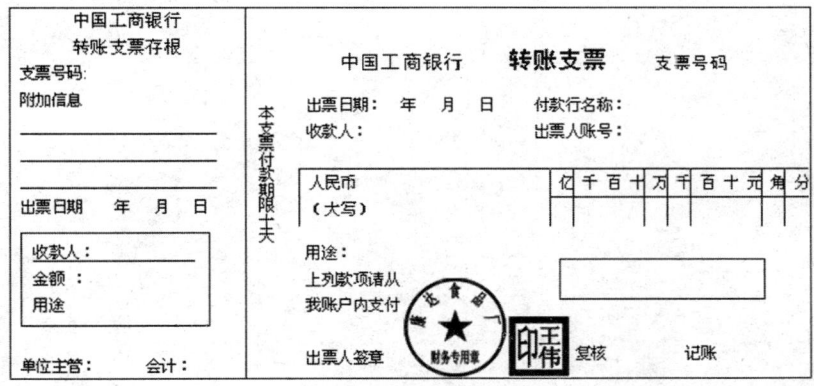

表 2-22　材料入库单示例

供应单位：省副食品公司　　**材料入库单**　　材料科目：　　　　　　编号：

发票号码：　　　　　　2012 年 12 月 4 日　　材料类别：原料及主要材料　　仓库：材料库

<table>
<tr><td rowspan="3">材料编号</td><td rowspan="3">名　称</td><td rowspan="3">规　格</td><td rowspan="3">计量单位</td><td colspan="2">数　量</td><td colspan="4">实际成本</td><td colspan="2">计划成本</td></tr>
<tr><td rowspan="2">应收</td><td rowspan="2">实收</td><td colspan="2">买价</td><td rowspan="2">运杂费</td><td rowspan="2">其他</td><td rowspan="2">合　计</td><td rowspan="2">单位成本</td><td rowspan="2">金额</td></tr>
<tr><td>单价</td><td>金额</td></tr>
<tr><td></td><td>白砂糖</td><td></td><td>公斤</td><td>4 000</td><td>4 000</td><td>4.00</td><td>16 000.00</td><td></td><td></td><td>16 000.00</td><td>4.20</td><td>16 800.00</td></tr>
<tr><td></td><td></td><td></td><td></td><td></td><td></td><td></td><td></td><td></td><td></td><td></td><td></td><td></td></tr>
<tr><td></td><td></td><td></td><td></td><td></td><td></td><td></td><td></td><td></td><td></td><td></td><td></td><td></td></tr>
</table>

收料人：张晓平　　供应部门负责人：王尔康　　保管：赵启明　　经手人：王小玲

②财会

（10）12 月 6 日，饼干车间领用面粉等九种原材料，见表 2-23～表 2-31 材料领用单。

表 2-23　材料领用单示例（1）

材 料 领 用 单

领用单位：饼干车间　　　　　　2012 年 12 月 6 日　　　　　　　　编号：

项目　用途	材料名称 面粉		规格型号		计量单位 公斤	
	请　领	实　发	单位计划成本	计划总成本	备　注
生产用	10 500	10 500	2.10	22 050.00	
合　计	10 500	10 500		22 050.00	

主管：　　　　　　审核：　　　　　　领料：王志忠　　　　　　发料：秦叔权

②此联经签收交材料核算员

表 2-24　材料领用单示例（2）

材 料 领 用 单

领用单位：饼干车间　　　　　　2012 年 12 月 6 日　　　　　　　　编号：

项目　用途	材料名称 白砂糖		规格型号		计量单位 公斤	
	请　领	实　发	单位计划成本	计划总成本	备　注
生产用	2 600	2 600	4.20	10 920.00	
合　计	2 600	2 600		10 920.00	

主管：　　　　　　审核：　　　　　　领料：王志忠　　　　　　发料：秦叔权

②此联经签收交材料核算员

表 2-25　材料领用单示例（3）

材 料 领 用 单

领用单位：饼干车间　　　　　　2012 年 12 月 6 日　　　　　　　　编号：

项目　用途	材料名称 精碘盐		规格型号		计量单位 公斤	
	请　领	实　发	单位计划成本	计划总成本	备　注
生产用	700	700	1.50	1 050.00	
合　计	700	700		1 050.00	

主管：　　　　　　审核：　　　　　　领料：王志忠　　　　　　发料：秦叔权

②此联经签收交材料核算员

表 2-26　材料领用单示例（4）

材 料 领 用 单

领用单位：饼干车间　　　　　　　2012 年 12 月 6 日　　　　　　　　编号：

用 途 ＼ 项 目	材料名称　香精		规格型号	计量单位　公斤	
	请　　领	实　　发	单位计划 成　　本	计　划 总成本	备　　注
生产用	200	200	40.00	8 000.00	
合　　计	200	200		8 000.00	

主管：　　　　　　审核：　　　　　　　　领料：王志忠　　　　　　发料：秦叔权

②此联经签收交材料核算员

表 2-27　材料领用单示例（5）

材 料 领 用 单

领用单位：饼干车间　　　　　　　2012 年 12 月 6 日　　　　　　　　编号：

用 途 ＼ 项 目	材料名称　添加剂		规格型号	计量单位　公斤	
	请　　领	实　　发	单位计划 成　　本	计　划 总成本	备　　注
生产用	320	320	58.00	18 560.00	
合　　计	320	320		18 560.00	

主管：　　　　　　审核：　　　　　　　　领料：王志忠　　　　　　发料：秦叔权

②此联经签收交材料核算员

表 2-28　材料领用单示例（6）

材 料 领 用 单

领用单位：饼干车间　　　　　　　2012 年 12 月 6 日　　　　　　　　编号：

用 途 ＼ 项 目	材料名称　鸡蛋		规格型号	计量单位　公斤	
	请　　领	实　　发	单位计划 成　　本	计　划 总成本	备　　注
生产用	4 870	4 870	4.80	23 376.00	
合　　计	4 870	4 870		23 376.00	

主管：　　　　　　审核：　　　　　　　　领料：王志忠　　　　　　发料：秦叔权

②此联经签收交材料核算员

表 2-29　材料领用单示例（7）

材 料 领 用 单

领用单位：*饼干车间*　　　　　　　2012 年 12 月 6 日　　　　　　　　　编号：

项目 用途	材料名称 *植物油*		规格型号	计量单位　*公斤*	②此联经签收交材料核算员
	请　领	实　发	单位计划 成　　本	计　划 总成本	备　注
生产用	500	500	10.00	5 000.00	
合　　计	500	500		5 000.00	

主管：　　　　　　审核：　　　　　　　领料：*王志忠*　　　　　发料：*秦叔权*

表 2-30　材料领用单示例（8）

材 料 领 用 单

领用单位：*饼干车间*　　　　　　　2012 年 12 月 6 日　　　　　　　　　编号：

项目 用途	材料名称 *芝麻*		规格型号	计量单位　*公斤*	②此联经签收交材料核算员
	请　领	实　发	单位计划 成　　本	计　划 总成本	备　注
生产用	40	40	14.00	560.00	
合　　计	40	40		560.00	

主管：　　　　　　审核：　　　　　　　领料：*王志忠*　　　　　发料：*秦叔权*

表 2-31　材料领用单示例（9）

材 料 领 用 单

领用单位：*饼干车间*　　　　　　　2012 年 12 月 6 日　　　　　　　　　编号：

项目 用途	材料名称 *苏打*		规格型号	计量单位　*公斤*	②此联经签收交材料核算员
	请　领	实　发	单位计划 成　　本	计　划 总成本	备　注
生产用	35	35	2.00	70.00	
合　　计	35	35		70.00	

主管：　　　　　　审核：　　　　　　　领料：*王志忠*　　　　　发料：*秦叔权*

　　（11）12 月 6 日，为购买芝麻，办理银行汇票，见表 2-32 银行汇票委托书、表 2-33 银行汇票。

表 2-32　银行汇票委托书示例

ICBC 中国工商银行 业务委托书 APPLICATION FOR MONEY TRANSFER	晋B 00123986	委托日期 Date	2012 年 12 月 6 日 Y M D		ICBC 中国工商银行 业务委托书 回执 APPLICATION FOR MONEY TRANSFER ACKNOWLEDGEMENT 晋B00123986

业务类型 Type	□现金汇款 Cash Remittance	□转账汇款 Transfer Remittance	✓汇票申请书 D/D	□本票申请书 P/D	□其他 Others

委托人	全 称 Full Name	康达食品厂		收款人	全 称 Full Name	河北保定宏伟农场
	账号或地址 Account No. or Addr.	278-65840235			账号或地址 Account No. or Addr.	138945072
	开户行名称 Account Bank Name	工行山西省分行五一广场支行			开户行名称 Account Bank Name	工行保定支行
	汇款方式 Typeofremittance	□普通 Regular　□加急 Urgent　加急汇款签字 Signature For Urgent Payment			开户银行 Account Bank	

币种及金额（大写）人民币贰仟元整 Currency and Amount in Words		亿千百十万千百十元角分 ￥200000
用 途 In Payment of	购买芝麻	支付密码 S.C.

委托人确认上列委托信息填写正确，且已完全理解和接受背面"客户须知"的内容，上列款项及相关费用请从委托人账户内支付。

银行填写 Bank Use	□联动收费　□非联动收费　□不收费	备注 Remarks

受理（扫描）：　　　　　　　　　审核：

回执联右侧：
委托人全称	康达食品厂
委托人账号	278-65840235
收款人全称	河北保定宏伟农场
收款人账号	138945072
金额	￥2,000.00
委托日期	2012年12月6日

此联为银行受理通知书。若委托人申请汇票或本票业务，应凭此联领取汇票或本票。This Paper is the bank acceptance advice. For draft or promissory note application.please return this paper.

表 2-33　银行汇票示例

付款期限 壹个月	中国工商银行 银行汇票	2	地名	B B 0 1	00367584

出票日期（大写）	贰零壹贰年 壹拾贰月 零陆日	代理付款行：		行号：			此联代理付款行付款后作联行往来借方凭证附件
收款人：	河北保定宏伟农场		账号：138946072				
出票金额	人民币（大写） 贰仟元整						
实际结算金额	人民币（大写）			千百十万千百十元角分			
申请人：	康达食品厂		账号：				
出票行：		行号：	密押：				
备注							
凭证代号	30812576389		多余金额 千百十万千百十元角分				
出票行签章	汇票专用章		复核　　　记账				

　　（12）12 月 6 日，缴纳社会保险费和住房公积金，见表 2-34 住房公积金汇缴款书、表 2-35～表 2-39 社会保险费征收专用票据、表 2-40～表 2-45 中国工商银行转账支票。

表 2-34　住房公积金汇缴款书示例

太原市住房公积金汇缴款书

　　签发日期　　　　　2012 年 12 月 6 日　　　　　　附清册　　　　页

单 位 全 称	康达食品厂									
公积金账号	140818408306080003937									
开 户 网 点	建行城建支行			受理网点		建行城建支行				
汇缴	2012 年 11 月	交款方式	现金	支票			其他			
缴交金额（大写）	人民币贰万伍仟玖佰陆拾陆元整			百	十	万 千	百 十	元	角	分
						¥ 2	5 9	6	6 0	0
上 月 汇 缴		本月增加汇缴		本月减少汇缴			本 月 汇 缴			
人数　金额		人数　金额		人数　金额			人数 120 金额 25966.00			
（单位盖章）	上列款项已转入你账户　　　　　　（中心盖章）									

第二联　单位留存

　　记账人：　　　　　　　审核：

表 2-35　社会保险费征收专用票据示例

山西省社会保险费征收专用票据

缴费单位：康达食品厂　　　　　　　　　　　　　　　　单位编号
单位性质：　　　　　　2012 年 12 月 6 日　　　　　　No

项　目	年度	小　计	其中：			备　注
			单位缴费	个人缴费	滞纳金	
工伤保险费	2012.11	811.00	811.00			
合　计		捌佰壹拾壹元整		¥：811.00		

令财政厅监制　令财税印刷厂印刷

第二联　缴费单位报账（此票据盖财务章有效）

收款单位：太原市医疗保险中心（公章）　　　　　　　开票人：张国立

表 2-36 社会保险费征收专用票据示例

山西省社会保险费征收专用票据

缴费单位：康达食品厂　　　　　　　　　　　　　　　　　　单位编号

单位性质：　　　　　　　　2012 年 12 月 6 日　　　　　　　No

项　目	年度	小　计	其中：			备　注
			单位缴费	个人缴费	滞纳金	
生育保险费	2012.11	1 298.00	1 298.00			开户行：中行广场支行. 账号：1512 8893009
合计		壹仟贰佰玖拾捌元整			¥：1 298.00	

收款单位：太原市医疗保险中心（公章）　　　　　　　　　开票人：张丽萍

表 2-37 社会保险费征收专用票据示例

山西省社会保险费征收专用票据

缴费单位：康达食品厂　　　　　　　　　　　　　　　　　　单位编号

单位性质：　　　　　　　　2012 年 12 月 6 日　　　　　　　No

项　目	年度	小　计	其中：			备　注
			单位缴费	个人缴费	滞纳金	
基本医疗保险费	2012.11	17 852.00	14 607.00	3 245.00		开户行：商行营业部 账号： 0501-013562
合计		壹万柒仟捌佰伍拾贰元整			¥：17 852.00	

收款单位：太原市医疗保险中心（公章）　　　　　　　　　开票人：张丽萍

表 2-38　社会保险费征收专用票据示例

山西省社会保险费征收专用票据

缴费单位：康达食品厂　　　　　　　　　　　　　　　　　　　　　　单位编号

单位性质：　　　　　　　　　2012 年 12 月 6 日　　　　　　　　　　No

| 项　目 | 年度 | 小　计 | 其中： | | | 备　注 |
			单位缴费	个人缴费	滞纳金	
基本养老保险费	2012.11	47 064.00	34 081.00	12 983.00	0.00	开户行：中国银行广场分理处　账号：0100 2008075005
合计		肆万柒仟零陆拾肆元整				￥：47 064.00

收款单位：太原市企业养老保险管理服务中心（公章）　　　　　　　　开票人：张虹

表 2-39　社会保险费征收专用票据示例

山西省社会保险费征收专用票据

缴费单位：康达食品厂　　　　　　　　　　　　　　　　　　　　　　单位编号

单位性质：　　　　　　　　　2012 年 12 月 6 日　　　　　　　　　　No

| 项　目 | 年度 | 小　计 | 其中： | | | 备　注 |
			单位缴费	个人缴费	滞纳金	
失业保险费	2012.11	4 869.00	3 246.12	1 622.88	0.00	
合计		肆仟捌佰陆拾玖元整				￥：4 869.00

收款单位：太原市失业保险中心（公章）　　　　　　　　　　　　　　开票人：李敏

表 2-40　中国工商银行转账支票示例

中国工商银行 转账支票存根 （晋） Ⅷ05122094	中国工商银行转账支票（晋）太原　Ⅷ05122094

中国工商银行转账支票存根（晋）
Ⅷ05122094
科　目＿＿＿＿＿
对方科目＿＿＿＿＿
出票日期　年　月　日
收款人：
金　额：
用　途：
单位主管　　会计

中国工商银行转账支票（晋）太原　Ⅷ05122094
出票日期（大写）贰零　　年　月　日　　付款行名称：
收款人　　　　　　　　　　　　　　　　出票人账号：
人民币（大写）
千百十万千百十元角分
用途＿＿＿＿　　　　科　目（借）＿＿＿＿＿
上列款项请从　　　　对方科目（贷）＿＿＿＿＿
我账户内支付　　　　转账日期　年　月　日
出票人签章　　　　　复核　　记账

票付款期十天

表 2-41　中国工商银行转账支票示例

中国工商银行 转账支票存根　（晋） Ⅷ05122095	中国工商银行转账支票 （晋） 太原　Ⅷ05122095
科　　目＿＿＿＿＿＿ 对方科目＿＿＿＿＿＿ 出票日期　年　月　日	出票日期（大写）贰零　　年　月　日　　付款行名称： 收款人　　　　　　　　　　　　　　出票人账号：

票付款期十天

人民币（大写）｜千｜百｜十｜万｜千｜百｜十｜元｜角｜分

用　途＿＿＿＿＿＿　　科　　目（借）……………
上列款项请从　　　　　对方科目（贷）……………
我账户内支付　　　　　转账日期　年　月　日
出票人签章：　　　　　复　核　　　记账

收款人：
金　额：
用　途：

单位主管　　会计

表 2-42　中国工商银行转账支票示例

中国工商银行
转账支票存根　（晋）
Ⅷ05122096

科　　目＿＿＿＿＿＿
对方科目＿＿＿＿＿＿
出票日期　年　月　日

中国工商银行转账支票 （晋） 太原　Ⅷ05122096

出票日期（大写）贰零　　年　月　日　　付款行名称：
收款人　　　　　　　　　　　　　　出票人账号：

票付款期十天

人民币（大写）｜千｜百｜十｜万｜千｜百｜十｜元｜角｜分

用　途＿＿＿＿＿＿　　科　　目（借）……………
上列款项请从　　　　　对方科目（贷）……………
我账户内支付　　　　　转账日期　年　月　日
出票人签章：　　　　　复　核　　　记账

收款人：
金　额：
用　途：

单位主管　　会计

表 2-43　中国工商银行转账支票示例

中国工商银行
转账支票存根　（晋）
Ⅷ05122097

科　　目＿＿＿＿＿＿
对方科目＿＿＿＿＿＿
出票日期　年　月　日

中国工商银行转账支票 （晋） 太原　Ⅷ05122097

出票日期（大写）贰零　　年　月　日　　付款行名称：
收款人　　　　　　　　　　　　　　出票人账号：

票付款期十天

人民币（大写）｜千｜百｜十｜万｜千｜百｜十｜元｜角｜分

用　途＿＿＿＿＿＿　　科　　目（借）……………
上列款项请从　　　　　对方科目（贷）……………
我账户内支付　　　　　转账日期　年　月　日
出票人签章：　　　　　复　核　　　记账

收款人：
金　额：
用　途：

单位主管　　会计

表 2-44　中国工商银行转账支票示例

中国工商银行 （晋） 转账支票存根 Ⅷ05122098	中国工商银行转账支票 （晋）太原　Ⅷ05122098
科　　目＿＿＿＿＿ 对方科目＿＿＿＿＿ 出票日期　年　月　日	出票日期（大写）贰零　　年　月　日　付款行名称： 收款人　　　　　　　　　　　　　　出票人账号： 人民币 （大写）　　　　　　　　　　千百十万千百十元角分
收款人： 金　额： 用　途：	用　途　　　　　　　　　科　目（借）＿＿＿＿＿ 上列款项请从　　　　　对方科目（贷）＿＿＿＿＿ 我账户内支付　　　　　转账日期　年　月　日 出票人签章：　　　　　复　核　　　记账
单位主管　　会计	

表 2-45　中国工商银行转账支票示例

中国工商银行 （晋） 转账支票存根 Ⅷ05122099	中国工商银行转账支票 （晋）太原　Ⅷ05122099
科　　目＿＿＿＿＿ 对方科目＿＿＿＿＿ 出票日期　年　月　日	出票日期（大写）贰零　　年　月　日　付款行名称： 收款人　　　　　　　　　　　　　　出票人账号： 人民币 （大写）　　　　　　　　　　千百十万千百十元角分
收款人： 金　额： 用　途：	用　途　　　　　　　　　科　目（借）＿＿＿＿＿ 上列款项请从　　　　　对方科目（贷）＿＿＿＿＿ 我账户内支付　　　　　转账日期　年　月　日 出票人签章：　　　　　复　核　　　记账
单位主管　　会计	

（13）12 月 6 日，核销坏账。

接到山西省太原市中级人民法院民事裁定书和华兴食品店破产清算报告。华兴食品厂因资不抵债宣告破产清算。清算结果，债务按 75％比例偿还。12 月 6 日收到还款 3 万元整，见表 2-46 中国工商银行进账单。

表 2-46　中国工商银行进账单示例

中国工商银行进账单 （收账通知）

2012 年 12 月 6 日　　　　　　　第　　号

收款人	全　称	康达食品厂	付款人	全　称	华兴食品店	此联是收账通知，收款人开户行给收款人
	账　号	278—65840235		账　号	128—678315967	
	开户银行	工行五一广场支行		开户银行	工行千峰南路办事处	

人民币 （大写）	叁万元整	千百十万千百十元角分
		￥3000000

票据种类	转支	
票据张数		
单位主管　　会计　　复核　　记账	收款人开户行盖章	

提示：民事裁定书和华兴食品店破产清算报告略，作为重要的原始凭证另行保存。

　　（14）12 月 6 日，购入鸡蛋，验收入库，见表 2-47 增值税专用发票、表 2-48 银行承兑汇票，表 2-49 银行承兑协议、表 2-50 工商银行客户回单联，表 2-51 材料入库单。

表 2-47　增值税专用发票示例

山西增值税专用发票 No

发 票 联

开票日期：2012 年 12 月 6 日

购货单位	名　　称：康达食品厂 纳税人识别号：160128739671011 地　址、电话：朔州路 4060386 开户行及账号：工行五一广场支行					密码区	
货物或应税劳务名称	规格型号	单位	数量	单价	金额	税率	税额
鸡蛋		公斤	2 000	5.20	10 400.00	13%	1 352.00
合　计					￥10 400.00		￥1 352.00
价税合计（大写）	⊗壹万壹仟柒佰伍拾贰元整					（小写）￥11 752.00	
销货单位	名　　称：东关养鸡场 纳税人识别号：140118435726451 地　址、电话：3037245 开户行及账号：工行五一广场支行 125—830942663					备注	

第二联：发票联　购货方记账凭证

收款人：　　　复核：曹玉梅　　　开票人：李新华　　　销货单位：（章）

表 2-48　银行承兑汇票示例

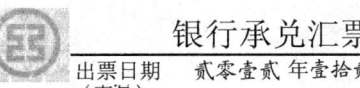

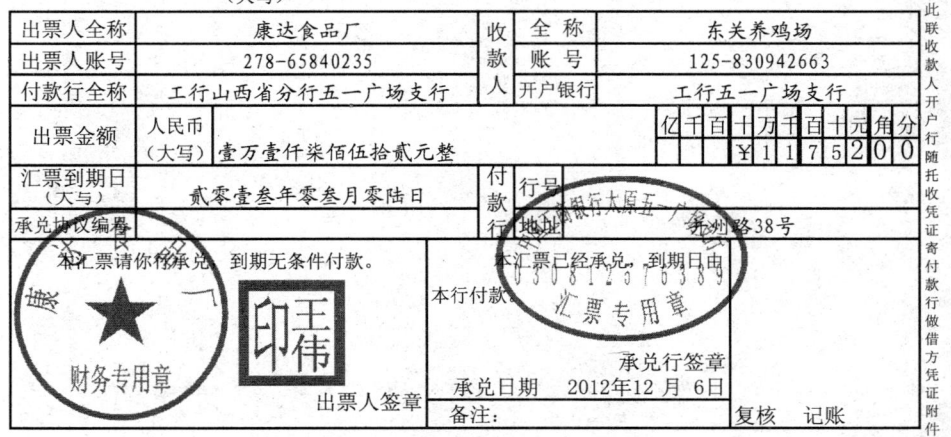

银行承兑汇票　2　DB 01 20122053

出票日期	贰零壹贰 年壹拾贰月零陆 日（大写）																
出票人全称	康达食品厂		收款人	全称	东关养鸡场											
出票人账号	278-65840235			账号	125-830942663											
付款行全称	工行山西省分行五一广场支行			开户银行	工行五一广场支行											
出票金额	人民币（大写）	壹万壹仟柒佰伍拾贰元整				亿	千	百	十	万	千	百	十	元	角	分
								￥	1	1	7	5	2	0	0
汇票到期日（大写）	贰零壹叁年零叁月零陆日		付款行	行号												
承兑协议编号				地址	朔州路 38 号											
本汇票请你行承兑，到期无条件付款。			本汇票已经承兑，到期日由本行付款。													

出票人签章　　　　承兑行签章　2012 年 12 月 6 日　　　备注：　　　复核　记账

此联收款人开户行随托收凭证寄付款行做借方凭证附件

表 2-49 银行承兑协议示例

银 行 承 兑 协 议 1

编号：_____

银行承兑汇票的内容：

出票人全称 ___康达食品厂___ 收款人全称 ___东吴养鸡场___

开户银行 ___工行五一广场支行___ 开户银行 ___工行五一广场支行___

账　　号 ___278—65840235___ 账　　号 ___125—830942663___

汇票号码 _____ 汇票金额（大写）___壹万壹仟柒佰伍拾贰元整___

出票日期 ___2012___ 年 ___12___ 月 ___6___ 日 到期日期 ___2012___ 年 ___12___ 月 ___16___ 日

以上汇票经银行承兑，出票人愿遵守《支付结算办法》的规定及下列条款：

一、出票人于汇票到期日前将应付票款足额交存承兑银行。

二、承兑手续费按票面金额千分之 0.5 计算，在银行承兑时一次付清。

三、出票人与持票人如发生任何交易纠纷，均由其双方自行处理，票款于到期前仍按第一条办理不误。

四、承兑汇票到期日，承兑银行凭票无条件支付票款。如到期日之前出票人不能足额交付票款时，承兑银行对不足支付部分的票款转作出票申请人逾期贷款，并按照有关规定计收罚息。

五、承兑汇票款付清后，本协议自动失效。

承兑银行签章 出票人签章

订立承兑协议日期 ___2012___ 年 ___12___ 月 ___6___ 日

表 2-50 客户回单联示例

工商银行客户回单联

日期：2012 年 12 月 06 日

户名：康达食品厂
借方科目/账号：278—65840235
金额：人民币-5.88
摘要：手续费　业务编号：（略） 客户名：康达食品厂
（工商银行公章）　　2012. 12. 06

记账：　　　复核：　　　经办：

表 2-51　材料入库单示例

材料入库单

供应单位：**东关养鸡场**　　　　　　　　　材料科目：　　　　　　　　　编号：

发票号码：　　　　　　2012 年 12 月 6 日　　材料类别：**原料及主要材料**　仓库：**材料库**

材料编号	名　称	规　格	计量单位	数　量		实际成本					计划成本		② 财会
				应收	实收	买　价		运杂费	其他	合　计	单位成本	金额	
						单价	金额						
	鸡蛋		公斤	2 000	2 000	5.20	10 400.00			10 400.00	4.80	9 600	

收料人：**张晓平**　　　　供应部门负责人：**王宗康**　　　　保管：**赵启明**　　　经手人：**王小玲**

（15）12 月 7 日，以转账支票支付前欠晋源印刷厂包装纸货款 11 700 元，见表 2-52 中国工商银行转账支票。

表 2-52　中国工商银行转账支票示例

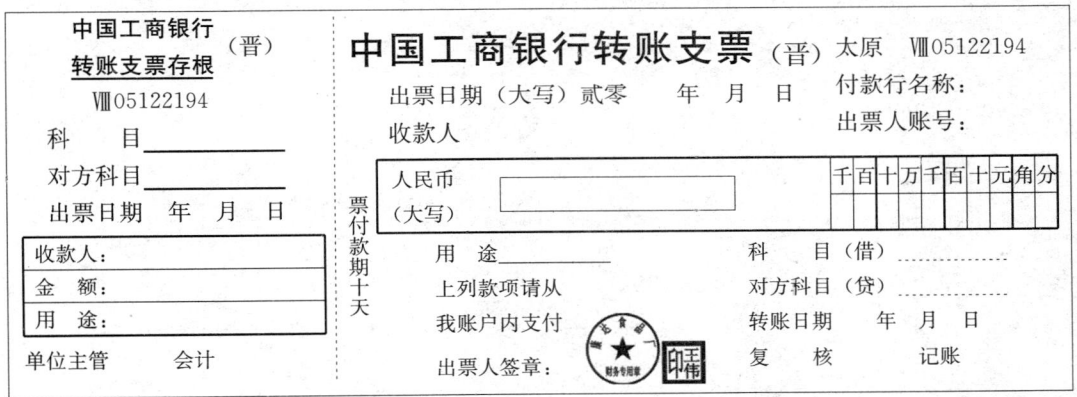

（16）12 月 7 日，信汇到异地开立采购专户，见表 2-53 中国工商银行信汇凭证。

表 2-53　中国工商银行信汇凭证示例

中国工商银行　信汇凭证（回　单）　　　　　　　1

委托日期 2012 年 12 月 7 日　　　　　　　　××××××

汇款人	全　称	康达食品厂	收款人	全　称	康达食品厂	此联汇出行给汇款人的回单
	账　号	278—65840235		账　号	13847658	
	汇出地点	山西省 太原 市/县		汇入地点	河北省 石家庄 市/县	
	汇出行名称	工行五一广场支行		汇入行名称	工行解放路支行	
金额	人民币（大写）　壹万伍仟元整			亿千百十万千百十元角分 Ｙ1 5 0 0 0 0 0 0		
中国工商银行股份有限公司 太原市五一广场支行 2012 12 07 转讫			支付密码			
			附加信息及用途：临时采购款			
			复核：　　　　记账：			

（17）12 月 7 日，饼干车间领用面粉等八种原材料，见表 2-54～表 2-61 材料领用单。

表 2-54　材料领用单示例（1）

材 料 领 用 单

领用单位：饼干车间　　　　　　　2012 年 12 月 7 日　　　　　　　　　　编号：

项目 / 用途	材料名称　鸡蛋		规格型号	计量单位　公斤	
	请　领	实　发	单位计划成本	计划总成本	备　注
生产用	4 370	4 370	4.80	20 976.00	
合　计	4 370	4 370		20 976.00	

主管：　　　　　　审核：　　　　　　　领料：王志忠　　　　　　发料：秦叔权

②此联经签收交材料核算员

表 2-55　材料领用单示例（2）

材 料 领 用 单

领用单位：饼干车间　　　　　　　2012 年 12 月 7 日　　　　　　　　　　编号：

项目 / 用途	材料名称　植物油		规格型号	计量单位　公斤	
	请　领	实　发	单位计划成本	计划总成本	备　注
生产用	500	500	10.00	5 000.00	
合　计	500	500		5 000.00	

主管：　　　　　　审核：　　　　　　　领料：王志忠　　　　　　发料：秦叔权

②此联经签收交材料核算员

表 2-56　材料领用单示例（3）

材 料 领 用 单

领用单位：饼干车间　　　　　　　2012 年 12 月 7 日　　　　　　　　　　编号：

项目 / 用途	材料名称　面粉		规格型号	计量单位　公斤	
	请　领	实　发	单位计划成本	计划总成本	备　注
生产用	9 500	9 500	2.10	19 950.00	
合　计	9 500	9 500		19 950.00	

主管：　　　　　　审核：　　　　　　　领料：王志忠　　　　　　发料：秦叔权

②此联经签收交材料核算员

表 2-57　材料领用单示例（4）

材 料 领 用 单

领用单位：饼干车间　　　　2012 年 12 月 7 日　　　　编号：

项目 / 用途	材料名称　白砂糖		规格型号		计量单位　公斤	
	请　领	实　发	单位计划成本	计划总成本	备　注	
生产用	2 550	2 550	4.20	10 710.00		
合　计	2 550	2 550		10 710.00		

主管：　　　审核：　　　领料：王志忠　　　发料：秦叔权

② 此联经签收交材料核算员

表 2-58　材料领用单示例（5）

材 料 领 用 单

领用单位：饼干车间　　　　2012 年 12 月 7 日　　　　编号：

项目 / 用途	材料名称　精碘盐		规格型号		计量单位　公斤	
	请　领	实　发	单位计划成本	计划总成本	备　注	
生产用	600	600	1.50	900.00		
合　计	600	600		900.00		

主管：　　　审核：　　　领料：王志忠　　　发料：秦叔权

② 此联经签收交材料核算员

表 2-59　材料领用单示例（6）

材 料 领 用 单

领用单位：饼干车间　　　　2012 年 12 月 7 日　　　　编号：

项目 / 用途	材料名称　香精		规格型号		计量单位　公斤	
	请　领	实　发	单位计划成本	计划总成本	备　注	
生产用	200	200	40.00	8 000.00		
合　计	200	200		8 000.00		

主管：　　　审核：　　　领料：王志忠　　　发料：秦叔权

② 此联经签收交材料核算员

表 2-60　材料领用单示例 (7)

材 料 领 用 单

领用单位：饼干车间　　　2012 年 12 月 7 日　　　编号：

项目 用途	材料名称 添加剂		规格型号		计量单位 公斤	
	请领	实发	单位计划成本	计划总成本	备注	
生产用	200	200	58.00	11 600.00		
合计	200	200		11 600.00		

主管：　　　审核：　　　领料：王志忠　　　发料：秦叔权

②此联经签收交材料核算员

表 2-61　材料领用单示例 (8)

材 料 领 用 单

领用单位：饼干车间　　　2012 年 12 月 7 日　　　编号：

项目 用途	材料名称 芝麻		规格型号		计量单位 公斤	
	请领	实发	单位计划成本	计划总成本	备注	
生产用	40	40	14.00	560.00		
合计	40	40		560.00		

主管：　　　审核：　　　领料：王志忠　　　发料：秦叔权

②此联经签收交材料核算员

(18) 12 月 8 日，面包车间领用植物油等八种原材料，见表 2-62～表 2-69 材料领用单。

表 2-62　材料领用单示例 (1)

材 料 领 用 单

领用单位：面包车间　　　2012 年 12 月 8 日　　　编号：

项目 用途	材料名称 植物油		规格型号		计量单位 公斤	
	请领	实发	单位计划成本	计划总成本	备注	
生产用	250	250	10.00	2 500.00		
合计	250	250		2 500.00		

主管：　　　审核：　　　领料：李霞　　　发料：秦叔权

②此联经签收交材料核算员

表 2-63　材料领用单示例（2）

材 料 领 用 单

领用单位：**面包车间**　　　　　　　2012 年 12 月 8 日　　　　　　　　编号：

项目 \ 用途	材料名称 **面粉**	规格型号	计量单位 **公斤**		
	请　领	实　发	单位计划成本	计　划总成本	备　注
豆沙面包用	3 500	3 500	2.10	7 350.00	
合　计	3 500	3 500		7 350.00	

主管：　　　　审核：　　　　　　领料：**李震**　　　　　　发料：**秦叔权**

表 2-64　材料领用单示例（3）

材 料 领 用 单

领用单位：**面包车间**　　　　　　　2012 年 12 月 8 日　　　　　　　　编号：

项目 \ 用途	材料名称 **豆沙**	规格型号	计量单位 **公斤**		
	请　领	实　发	单位计划成本	计　划总成本	备　注
生产豆沙面包用	1 000	1 000	4.10	4 100.00	
合　计	1 000	1 000		4 100.00	

主管：　　　　审核：　　　　　　领料：**李震**　　　　　　发料：**秦叔权**

表 2-65　材料领用单示例（4）

材 料 领 用 单

领用单位：**面包车间**　　　　　　　2012 年 12 月 8 日　　　　　　　　编号：

项目 \ 用途	材料名称 **椰蓉**	规格型号	计量单位 **公斤**		
	请　领	实　发	单位计划成本	计　划总成本	备　注
生产椰蓉面包用	50	50	12.00	600.00	
合　计	50	50		600.00	

主管：　　　　审核：　　　　　　领料：**李震**　　　　　　发料：**秦叔权**

表 2-66　材料领用单示例 (5)

材 料 领 用 单

领用单位：面包车间　　　　　　2012 年 12 月 8 日　　　　　　　　　编号：

项目 / 用途	材料名称　精碘盐		规格型号	计量单位　公斤	
	请　领	实　发	单位计划成本	计划总成本	备　注
生产用	140	140	1.50	210.00	
合　计	140	140		210.00	

主管：　　　　　　审核：　　　　　　　　领料：李震　　　　　　　发料：秦叔权

表 2-67　材料领用单示例 (6)

材 料 领 用 单

领用单位：面包车间　　　　　　2012 年 12 月 8 日　　　　　　　　　编号：

项目 / 用途	材料名称　鸡蛋		规格型号	计量单位　公斤	
	请　领	实　发	单位计划成本	计划总成本	备　注
生产用	1 680	1 680	4.80	8 064.00	
合　计	1 680	1 680		8 064.00	

主管：　　　　　　审核：　　　　　　　　领料：李震　　　　　　　发料：秦叔权

表 2-68　材料领用单示例 (7)

材 料 领 用 单

领用单位：面包车间　　　　　　2012 年 12 月 8 日　　　　　　　　　编号：

项目 / 用途	材料名称　白砂糖		规格型号	计量单位　公斤	
	请　领	实　发	单位计划成本	计划总成本	备　注
生产用	2 500	2 500	4.20	10 500.00	
合　计	2 500	2 500		10 500.00	

主管：　　　　　　审核：　　　　　　　　领料：李震　　　　　　　发料：秦叔权

表 2-69　材料领用单示例（8）

材料领用单

领用单位：面包车间　　　　　　2012 年 12 月 8 日　　　　　　　编号：

用途 ＼ 项目	材料名称　黄油		规格型号		计量单位　公斤	
	请领	实发	单位计划成本	计划总成本	备注	
生产用	800	800	12.00	9 600.00		
合计	800	800		9 600.00		

主管：　　　　　审核：　　　　　领料：李震　　　　　发料：秦叔权

　　（19）12 月 8 日，应收北京王府井副食大楼的银行承兑汇票到期，办理进账，见表 2-70、表 2-71 委托银行收款结算凭证、表 2-72 银行承兑汇票。

表 2-70　委托银行收款结算凭证示例（1）

托收凭证（受理回单）　　　　1

委托日期　2012 年 12 月 8 日

业务类型	委托收款　√邮划　　电划			托收承付　邮划　　电划			
付款人　全称	北京王府井副食大楼			收款人　全称	康达食品厂		
账号	86573214			账号	278-65840235		
地址	省 北京 市县　开户行 工行王府井支行			地址	山西省 太原 市县　开户行 工行五一广场支行		
金额	人民币（大写）贰万元整			亿千百十万千百十元角分　¥2 0 0 0 0 0 0			
款项内容	货款	托收凭据名称	银行承兑汇票	附寄单据张数			
商品发运情况				合同名称号码			
备注：		款项收妥日期 年　月　日			2012 年 12 月 8 日		

中国华南银行股份有限公司　太原五一广场支行　2012 12 08　受理凭证章　收款人开户银行盖章

表 2-71　委托银行收款结算凭证示例（2）

托收凭证（收账通知）　　4

| 委托日期 | 2012年 12 月 8 日 | | | 付款期限　　年　月　日 | | | | |

| 业务类型 | 委托收款 | 邮划 | 电划 | | 托收承付 | 邮划 | 电划 |

付款人	全　称	北京王府井副食大楼		收款人	全　称	康达食品厂	
	账　号	86573214			账　号	278-65840235	
	地　址	省 北京 市　开户行　工行王府井支行			地　址	山西省 太原市　开户行　工行五一广场支行	

| 金额 | 人民币（大写）贰万元整 | 亿 千 百 十 万 千 百 十 元 角 分 |
| | | ￥ 2 0 0 0 0 0 0 |

款项内容	货款	托收凭据名称		附寄单证张数	1张
商品发运情况		已发运	合同名称号码		
备注					
复核　　　　记账					

中国工商银行股份有限公司
太原市五一广场支行
2012 12 08
上列款项已划回收入方账户
转
收款人开户银行签章
2012年 12 月 8 日

表 2-72　银行承兑汇票示例

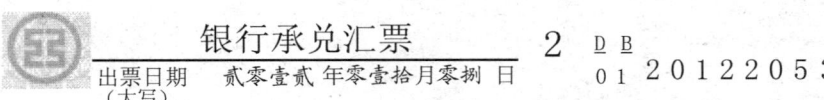

银行承兑汇票　　　2　D B　01 2 0 1 2 2 0 5 3

出票日期　贰零壹贰 年零壹拾月零捌 日（大写）

出票人全称	北京王府井副食大楼	收款人	全　称	康达食品厂
出票人账号	86573214		账　号	278-65840235
付款行全称	工行王府井支行		开户银行	工行山西省分行五一广场支行

| 出票金额 | 人民币（大写）贰万元整 | 亿 千 百 十 万 千 百 十 元 角 分 |
| | | ￥ 2 0 0 0 0 0 |

| 汇票到期日（大写） | 贰零壹贰年壹拾贰月零捌日 | 付款行 | 行号 | |
| 承兑协议编号 | | | 地址 | 太原市并州路38号 |

本汇票请你行承兑，到期无条件付款。	本汇票已经承兑，到期日由本行付款
北京王府井副食大楼财务专用章　志刘印得	中国工商银行北京王府井支行 1 0 2 9 3 8 4 7 5 6 4 7　汇票专用章
出票人签章	承兑行签章
	承兑日期　2012年10月8日
	备注：　　　　　　　　　复核　记账

（20）12 月 8 日，从天龙大厦购入办公用品，见表 2-73 中国工商银行转账支票、表 2-74 商品零售发票。

表 2-73　中国工商银行转账支票示例

中国工商银行 转账支票存根　　（晋） Ⅷ05122195 科　　目 _____ 对方科目 _____ 出票日期　年　月　日 收款人： 金　额： 用　途： 单位主管　　　会计	票付款期十天	中国工商银行转账支票（晋）太原　Ⅷ05122195 出票日期（大写）贰零　　年　月　日　　付款行名称： 收款人　　　　　　　　　　　　　　　出票人账号： 人民币（大写）　　　　　　　　　千百十万千百十元角分 用　途 _____　　　　　　科　目（借）.......... 上列款项请从　　　　　　　　对方科目（贷）.......... 我账户内支付　　　　　　　　转账日期　年　月　日 出票人签章　　　　　　　　　复核　　　　记账

表 2-74　商品零售发票示例

山西省商品流通业商品零售发票　　商三

2012 年 12 月 8 日

开户银行	
账　号	

购货单位：康达食品厂　　　　　　　　　　　　　　　　　　　　　　　No

货号	品名及规格	单位	数量	零售价	金　额 万千百十元角分	单位盖章
	计算器	台	2	120.00	￥2 4 0 0 0	
合计金额	（大写）贰佰肆拾零元零角零分					

复核：　　　　　收款：张宏　　　开票：王晋

（21）12 月 8 日，缴纳增值税等三项税款，见表 2-75 增值税税收通用缴款书，表 2-76 城市维护建设税税收通用缴款书，表 2-77 教育费附加税收缴款书。

表 2-75　增值税税收通用缴款书示例

中华人民共和国
税收通用缴款书　　（　）晋国缴电　　　号

隶属关系：市属　　　　　　　　　　　　　　　　　　　　　　　国
注册类型：国有企业　　　填发日期：2012 年 12 月 8 日　　征收机关：太原市国税局

缴款单位（人）	代　码	160128739671011	预算科目	编　码	
	全　称	康达食品厂		名　称	增值税
	开户银行	工行五一广场支行		级　次	地市收
	账　号	278—65840235	收款国库		太原市金库
税款所属时期	2012 年 11 月 1 日～2012 年 11 月 30 日		税款限缴日期		2012 年 12 月 10 日
品目名称	课税数量	计税金额或销售收入	税率或单位税额	已缴或扣除额	实缴金额
		528 500.00	17%	25 045.00	64 800.00
金额合计	（大写）陆万肆仟捌佰元整				￥64 800.00
缴款单位（人） 经办人（章）	税务机关 填票人（章）	上列款项已收妥并划收款单位账户 　　年　月　日 国库（银行）盖章		备注： 正常申报	

（左侧竖排：无银行收讫章无效）

（右侧竖排：第一联（收据）国库（银行）收款盖章后退缴款　单位（人）作完税凭证）

逾期不缴按税法规定加收滞纳金

表 2-76　城市维护建设税税收通用缴款书示例

中华人民共和国
税收通用缴款书

地

隶属关系：市属　　　　（　）晋国缴电　　　号
注册类型：国有企业　　征收机关：太原市国税局
填发日期：2012 年 12 月 8 日

缴款单位（人）	代　码	160128739671011	预算科目	编　码	
	全　称	康达食品厂		名　称	城维税
	开户银行	工行五一广场支行		级　次	地市收
	账　号	278—65840235	收款国库		太原市金库
税款所属时期	2012 年 11 月 1 日～2012 年 11 月 30 日		税款限缴日期	2012 年 12 月 10 日	
品目名称	课税数量	计税金额或销售收入	税率或单位税额	已缴或扣除额	实缴金额
增值税		64 800.00	7%		4 536.00
金额合计	（大写）肆仟伍佰叁拾陆元整				￥4 536.00
缴款单位（人） 康达食品厂 财务专用章 经办人（章）	税务机关 太原市地税局 征收专用章 填票人（章）	上列款项已收妥并划转收款单位账户 太原市金库 2012.12.08 转讫 年　月　日 国库（银行）盖章			备　注： 正常申报

无银行收讫章无效

第一联（收据）国库（银行）收款盖章后退缴款单位（人）作完税凭证

逾期不缴按税法规定加收滞纳金

表 2-77　教育费附加税收缴款书示例

中华人民共和国
税收通用缴款书

地

隶属关系：市属　　　　（　）晋国缴电　　　号
注册类型：国有企业　　征收机关：太原市国税局
填发日期：2012 年 12 月 8 日

缴款单位（人）	代　码	160128739671011	预算科目	编　码	
	全　称	康达食品厂		名　称	教育费附加
	开户银行	工行五一广场支行		级　次	地市收
	账　号	278—65840235	收款国库		太原市金库
税款所属时期	2012 年 11 月 1 日～2012 年 11 月 30 日		税款限缴日期	2012 年 12 月 10 日	
品目名称	课税数量	计税金额或销售收入	税率或单位税额	已缴或扣除额	实缴金额
增值税		64 800.00	3%		1 944.00
金额合计	（大写）壹仟玖佰肆拾肆元整				￥1 944.00
缴款单位（人） （盖章） 经办人（章）	税务机关 （盖章） 填票人（章）	上列款项已收妥并划转收款单位账户 工行五一广场支行 公　章 年　月　日 国库（银行）盖章			备　注： 正常申报

无银行收讫章无效

第一联（收据）国库（银行）收款盖章后退缴款单位（人）作完税凭证

逾期不缴按税法规定加收滞纳金

（22）12 月 9 日，购入面粉，验收入库，结算凭证未到，见表 2-78 材料入库单。

表 2-78　材料入库单示例

材料入库单

供应单位：运城市面粉厂　　　　　　　　　　材料科目：　　　　　　　　编号：

发票号码：　　　　2012 年 12 月 9 日　　　材料类别：原料及主要材料　　仓库：材料库

| 材料编号 | 名　称 | 规格 | 计量单位 | 数　量 | | 实际成本 | | | | 计划成本 | | ② 财会 |
| | | | | 应收 | 实收 | 买价 | | 运杂费 | 其他 | 合　计 | 单位成本 | 金　额 | |

材料编号	名　称	规格	计量单位	应收	实收	单价	金额	运杂费	其他	合　计	单位成本	金　额	② 财会
	面粉		公斤		5 000						2.10	10 500.00	

收料人：张晓平　　　　供应部门负责人：王尔康　　　　保管：赵启明　　　　经手人：王小玲

（23）12 月 9 日，从河北保定植物油厂购入花生油，承付货款（验单承付），见表 2-79 增值税专用发票、表 2-80 中国工商银行托收承付结算凭证、表 2-81 公路运输货票（抵扣联略），运费的 7% 可作为进项税额抵扣。

表 2-79　增值税专用发票示例

河北增值税专用发票

No

发　票　联

开票日期：2012 年 12 月 9 日

购货单位	名　　称：康达食品厂		密码区			
	纳税人识别号：160128739671011					
	地址、电话：异州路 4060386					
	开户行及账号：工行五一广场支行 278—65840235					

货物或应税劳务名称	规格型号	单　位	数　量	单　价	金　额	税率	税　额
花生油		公斤	2 000	9.00	18 000.00	13%	2 340.00
合　　计					￥18 000.00		￥2 340.00

价税合计（大写）	⊗ 贰万零叁佰肆拾元整			（小写）￥20 340.00

销货单位	名　　称：保定植物油厂		备注
	纳税人识别号：267352191846183		
	地址、电话：4189173		
	开户行及账号：工行大办 9731845		

收款人：　　　　复核：王广　　　　开票人：刘元　　　　销货单位：（章）

第二联：发票联　购货方记账凭证

表 2-80　中国工商银行托收承付结算凭证示例

托收凭证（付款通知）　　5

委托日期 2012 年 12 月 9 日　　　　　　付款期限　　年　月　日

业务类型	委托收款 √邮划　电划		托收承付　邮划　电划		
付款人	全称	康达食品厂	收款人	全称	保定植物油厂
	账号	278-65840235		账号	9731846
	地址	山西省太原 市县 开户行 工行五一广场支行		地址	河北省保定 市县 开户行 工行大办支行

金额	人民币（大写）贰万壹仟捌佰肆拾元整	亿 千 百 十 万 千 百 十 元 角 分
		￥ 2 1 8 4 0 0 0

款项内容	货款	托收凭据名称	发货票	附寄单证张数	1张
商品发运情况		已发			

备注

付款人开户银行收到日期
　　　　　年　　月　　日

付款人开户银行签章

中国工商银行股份有限公司
太原市五一广场支行
2012 12 09
转
2012年　12 月9日

付款人注意：
1. 根据支付结算办法，上列委托收款（托收承付）款项在付款期限内未提出拒付，即视为同意付款，以此代付款通知。
2. 如需提出全部或部分拒付，应在规定期限内，将拒付理由书附债务证明退交开户银行。

复核　　　记账

表 2-81　公路运输货票示例

公路、内河货物运输业统一发票（代开）
发　票　联

发票代码 314008110051
发票号码

开票日期：2012-12-09

机打代码 机打号码 机器编码	314008110051　　　929300072359	税控码	
收货人及纳税人识别号	康达食品厂 160128739671011	承运人及纳税人识别号	河北省联运总公司 267384593240745
发货人及纳税人识别号	河北保定植物油厂 267352191846183	主管税务机关及代码	河北省地方税务局三分局 428682404

运输项目及金额	货物名称	数量（重量）	单位运价	计费里程	金额	其他项目及金额	费用名称	金额	备注 保定—太原
	植物油	2.00	750		1 500.00				

运费小计	￥1 500.00	其他费用小计	￥0.00
合计（大写）	⊗壹仟伍佰元整		（小写）￥1 500.00
代开单位及代码	河北省地方税务局 428682400	扣缴税额、税率 完税凭证号码	￥105.00　　7% （201251）冀地完电 9765320

代开单位盖章　　　　　　　　　　　　开票人：袁三

（24）12 月 10 日，由五一机械厂购入不需要安装设备，货款未付，见表 2-82 增值税专用发票、表 2-83 固定资产交接单。固定资产卡片登记略。

表 2-82　增值税专用发票示例

山西增值税专用发票 No

发 票 联

开票日期：2012 年 12 月 10 日

<table>
<tr><td rowspan="3">购货单位</td><td>名　　　　称：康达食品厂</td><td rowspan="3">密
码
区</td><td></td></tr>
<tr><td>纳税人识别号：160128739671011</td><td></td></tr>
<tr><td>地址、电话：并州路 4060386
开户行及账号：工行五一广场支行 278—65840235</td><td></td></tr>
</table>

货物或应税劳务名称	规格型号	单位	数量	单 价	金　额	税率	税　额
封切机		台	2	11 000.00	22 000.00	17%	3 740.00
合　计					￥22 000.00		￥3 740.00

价税合计（大写）	⊗贰万伍仟柒佰肆拾元整	（小写）￥25 740.00

<table>
<tr><td rowspan="3">销货单位</td><td>名　　　　称：五一机械厂</td><td rowspan="3">备
注</td></tr>
<tr><td>纳税人识别号：010352974881518</td></tr>
<tr><td>地址、电话：72233181
开户行及账号：工行复办 0395187</td></tr>
</table>

收款人：　　　　　复核：　　　　　开票人：高秀　　　　　销货单位：（章）

表 2-83　固定资产交接单示例

固定资产交接单

使用单位：面包车间　　　　　2012 年 12 月 10 日　　　转移单号：

转移原因或依据				新购投入使用				
固定资产名称	规格及型号	单　位	数　量	预计使用年限	已使用年限	原　值	已提折旧	净　值
封切机		台	2	12		25 740.00		25 740.00

调出单位		调出单位	
公章： 财务： 经办：	（公章）	公章： 财务： 经办：	（公章）

　　(25) 12 月 10 日，业务 1 单据到，委托银行付款，见表 2-84 增值税专用发票，表 2-85 中国工商银行信汇凭证、表 2-86 公路运输货票（抵扣联略）。

表 2-84　增值税专用发票示例

山西增值税专用发票

No

发 票 联

开票日期：2012 年 11 月 29 日

第二联：发票联　购货方记账凭证

购货单位	名　　称：康达食品厂 纳税人识别号：160128739671011 地址、电话：芹州路 4060386 开户行及账号：工行五一广场支行 278—65840235				密码区			
货物或应税劳务名称	规格型号	单 位	数 量	单 价	金 额	税 率	税 额	
豆沙		公斤	1 000	4.00	4 000.00	17%	680.00	
合　计					¥4 000.00		¥680.00	
价税合计（大写）	⊗肆仟陆佰捌拾元整					（小写）¥4 680.00		
销货单位	名　　称：临汾副食品公司 纳税人识别号：140104096508334 地址、电话：0357—2568744 开户行及账号：工行鼓楼办事处 127—485967325				备注			

收款人：程鑫　　　　复核：　　　　开票人：王力　　　　销货单位：（章）

表 2-85　中国工商银行信汇凭证示例

中国工商银行　信汇凭证（回　单）　　　　　　　1

委托日期 2012 年 12 月 10 日　　　　　×××××

此联汇出行给汇款人的回单

汇款人	全　称	康达食品厂	收款人	全　称	临汾副食品公司
	账　号	278—65840235		账　号	127-485967325
	汇出地点	山西省 太原 市/县		汇入地点	山西 省 临汾 市/县
	汇出行名称	工行五一广场支行		汇入行名称	工行鼓楼支行

金额	人民币（大写）　肆仟捌佰捌拾元整	亿	千	百	十	万	千	百	十	元	角	分
						¥	4	8	8	0	0	0

中国工商银行股份有限公司
太原市五一广场支行
2012 12 10
转讫

汇出行签章

支付密码

附加信息及用途：
货款

复核：　　　　记账：

表 2-86　公路运输货票示例

公路、内河货物运输业统一发票（代开）

发 票 联

发票代码 526018110253
发票号码

开票日期：2012-11-30

机打代码	526018110253	税控码	
机打号码			
机器编码	839311572376		
收货人及纳税人识别号	康达食品厂 160128739671011	承运人及纳税人识别号	山西省联运总公司 140123450401032
发货人及纳税人识别号	临汾副食品公司 140104096508334	主管税务机关及代码	河北省地方税务局三分局 214897869

运输项目及金额	货物名称	数量（重量）	单位运价	计费里程	金额	其他项目及金额	费用名称	金额	备注 保定—太原
	豆沙	1.00	200		200.00				

运费小计	￥200.00	其他费用小计	￥0.00	
合计（大写）	⊗ 贰佰元整		（小写）￥200.00	
代开单位及代码	河北省地方税务局 214897860	扣缴税额、税率 完税凭证号码	￥14.00　　7% (201245) 冀地完电 86542135	

代开单位盖章　　　　　　　　　　　　开票人：郑宇

第一联　发票联　付款方记账凭证（手写无效）

　　（26）12 月 10 日，从保定植物油厂购入的花生油到货，验收入库（应收 2 000 公斤，实收 1 900 公斤），见表 2-87 材料入库单、表 2-88 材料损耗报告单、表 2-89 赔偿请求单。

表 2-87　材料入库单示例

供应单位：保定植物油厂　　**材料入库单**　　材料科目：　　　　　编号：

发票号码：　　　　　　2012 年 12 月 10 日　　材料类别：原料及主要材料　　仓库：材料库

材料编号	名　称	规　格	计量单位	数　量		实际成本					计划成本	
				应收	实收	买价		运杂费	其他	合　计	单位成本	金额
						单价	金额					
	花生油		公斤	2 000	1 900	9.00	17 100.00	1 395.00		18 495.00	10.00	19 000.00

收料人：张晓平　　供应部门负责人：王尔康　　保管：赵启明　　经手人：王小玲

②财会

表 2-88 材料损耗报告单示例

材 料 损 耗 报 告 单

2012 年 12 月 10 日

类 别	名称规格	单位	损耗数量	单价	金 额	损耗原因	处理意见	
原料及主要材料	花生油	公斤	100	9.00	900.00	运输部门责任	请求赔偿	②财
								务
合 计			100	9.00	900.00			

财务： 审批：王伟 主管：罗雷 保管：秦叔权 制表：

表 2-89 赔偿请求单示例

赔 偿 请 求 单

2012 年 12 月 10 日

货 物名 称	花生油	发 运单 位	河北保定植物油厂	票 据编 号		发 运数 量	2 000公斤
金 额	900.00	运杂费		到站实际数量		1 900公斤	
丢 失品 种		损 失数 量	100公斤	要求赔偿货款		1 017.00	
损失原因	运输部门责任事故						

请求赔偿单位：康达食品厂 公 章   赔偿单位意见：同意赔偿

(27) 12 月 10 日，以银行汇票购买材料，发票已到，但材料尚未验收入库，多余款退回，见表 2-90 农林牧水产品销售普通发票、表 2-91 中国工商银行汇票、表 2-92 公路运输货票（抵扣联略）。

表 2-90 农林牧水产品销售普通发票示例

河北省农林牧水产品销售普通发票

发 票 联

晋国税综 X（04）

2012 年 12 月 10 日   No

购货单位（人）	名 称	康达食品厂		纳税人识别号	160128739671011								
品名规格			单 位	数 量	单 价	金 额							
						万	千	百	十	元	角	分	③
芝 麻			公斤	100	15.82	¥	1	5	8	2	0	0	报销凭证
合计（大写）			×万壹仟伍佰捌拾贰元零角零分										
销货单位	名 称	宏伟农场		纳税人识别号									

销货单位（章）   开票人

表 2-91　中国工商银行汇票示例

| 付款期限 壹个月 | 中国工商银行
银行汇票 | 多余款
（收账通知） | 4 | 地名 $\frac{B}{0}\frac{B}{1}$ | 00367584 | 此联出票行结清多余款后交申请人 |

出票日期贰零壹贰年壹拾贰月零陆日
（大写）

代理付款行：　　　　　　　行号：

收款人：　河北保定宏伟农场　　　　　　　　　账号：138945072

出票金额　　人民币（大写）贰仟元整

实际结算金额　人民币（大写）壹仟柒佰捌拾贰元整

千	百	十	万	千	百	十	元	角	分
			¥1	7	8	2	0	0	

申请人：　康达食品厂　　　　　　　　　　账号：278-65840235

出票行：　工行山西分行五一路支行　　　　行号：

备注：

出票行签章

密押：

多余金额

千	百	十	万	千	百	十	元	角	分
				¥2	1	8	0	0	

左列退回多余金额已收入你帐户内

2012年12月6日

表 2-92　公路运输货票示例

公路、内河货物运输业统一发票（代开）

发　票　联

发票代码 203117002240
发票号码

开票日期：2012-12-10

机 打 代 码 机 打 号 码 机 器 编 码	203117002240 929300072402	税控码	
收货人及 纳税人识别号	康达食品厂 1601287396710111	承运人及 纳税人识别号	河北省联运总公司 26734593210745
发货人及 纳税人识别号	宏伟农场 156241080735072	主管税务机关 及　代　码	河北省地方税务局三分局 428682404

运输项目及金额	货物名称 芝麻	数量（重量） 0.10	单位运价 2000	计费里程	金额 200.00	其他项目及金额	费用名称	金额	备注 保定—太原

运费小计	¥200.00		其他费用小计	¥0.00	
合计（大写）	⊗贰佰元整			（小写）¥200.00	
代 开 单 位 及　代　码	河北省地方税务局 428682400		扣缴税额、税率 完税凭证号码	¥14.00　　　7% （201263）冀地完电 32061522	

代开单位盖章　　　　　　　　　　　　　开票人：王金亮

第一联　发票联　付款方记账凭证　（手写无效）

(28) 12 月 10 日，支付诉讼费，见表 2-93 事业性行政性收费收据、表 2-94 中国工商银行转账支票。

表 2-93 事业性行政性收费收据示例

表 2-94 中国工商银行转账支票示例

(29) 12 月 10 日，取得短期借款，见表 2-95 中国农业银行短期借款合同及表 2-96 农业企业借款借据。

表 2-95　中国农业银行短期借款合同示例

中国农业银行短期借款合同

立合同单位：

中国农业银行**太原市五一广场**支行（以下简称贷款方）　　　　　｜印　花｜
　　　　太原市康达食品厂　（以下简称借款方）　　　　　　　　｜税　票｜
　　　　　荣华担保公司　　（以下简称保证方）

　　为明确责任，恪守合同，特签订本合同，共同信守。

　　一、贷款种类：　短期流动资金借款

　　二、借款金额：　　100 000 元

　　三、借款用途：　　生产周转

　　四、借款利率：月息千分之　6.48　按季收息，利随本清。如遇国家调整利率，按调整后的规定计算。

　　五、借款期限：借款时间自 2012 年 12 月 10 日至 2012 年 12 月 30 日止。

　　六、还款资金来源：　销售收入

　　七、还款方式：　分期付息，到期还本

　　八、保证条款：借款方请　荣华担保公司　作为自己借款保证方，经贷款方审查，证实保证方具有担保资格和足够代偿借款的能力。保证方有权检查和督促借款方履行合同。当借款方不履行合同时，由保证方连带承担偿还借款本息的责任。必要时，贷款方可以从保证方的存款账户内扣收贷款本息。

　　九、违约责任：（略）

　　合同的附件：（略）

　　本合同经各方签字后生效，贷款本息全部清偿后自动失效。

　　本合同正本一式三份，贷款方、借款方、保证方各执一份；合同副本　二　份，报送　（略）有关单位各留存一份。

　　贷款方（公章）　　　　　　法人代表　　　（盖章）

　　借款方（公章）　　　　　　法人代表　　　（盖章）

　　保证方（公章）　　　　　　法人代表　　　（盖章）

　　借款方开户银行：中国农业银行山西省分行营业部广场支行

　　　　　账号：278—65840235

　　　　　　　　　　　　　　　　　　　　　2012 年 12 月 1 日

表 2-96 中国农业银行借款凭证示例

中国农业银行借款凭证 (晋) № 000058

2012 年 12 月 10 日

| 借款人 | 康达食品厂 | 贷款账号 | 128—34875099 | 存款账号 | 278—87169278 | | | | | | | | | |

| 借款金额 | 人民币 (大写) | 拾万元整 | | | | 千 | 百 | 十 | 万 | 千 | 百 | 十 | 元 | 角 | 分 |
| | | | | | | | ¥ | 1 | 0 | 0 | 0 | 0 | 0 | 0 | 0 |

| 用途 | 流动资金借款 | 期限 | 约定还款日期 | 2013 年 6 月 10 日 |
| | | 6 个月 | 贷款利率 | 借款合同号码 |

兹借到上列贷款，保证按规定用途使用，不作他用，到期时请凭此证收回贷款	分次还款记录						
	日期			还款金额	余额	经办	复核
	年	月	日				

银行审批意见　　　　行长　　　　信贷科长　　　　信贷员

第三联贷方传票

（30）12 月 11 日，以现金支付商检费，见表 2-97 事业性行政性收费收据。

表 2-97 事业性行政性收费收据示例

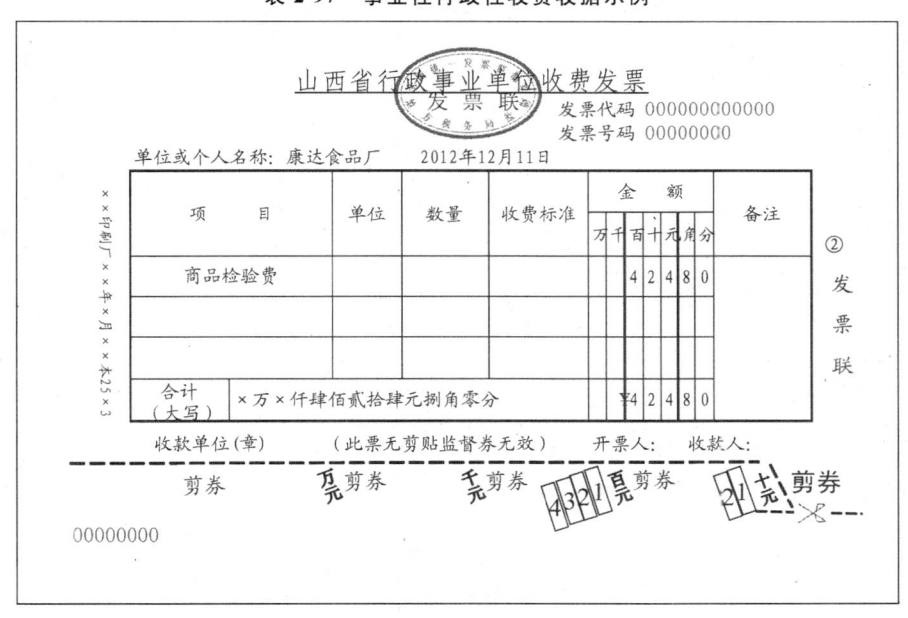

　　(31) 12 月 11 日，从宏大乳品厂购入黄油，验货承付，部分拒付，见表 2-98 增值税专用发票、表 2-99 中国工商银行托收承付结算凭证、表 2-100 公路运输发票（抵扣联略）、表 2-101 拒付理由书、表 2-102 材料入库单，运费可按 7％比例计入增值税进项税额。

表 2-98　增值税专用发票示例

山西增值税专用发票

No

发　票　联

开票日期：2012 年 12 月 8 日

购货单位	名　　称：康达食品厂 纳税人识别号：160128739671011 地址、电话：昇州路 4060386 开户行及账号：工行五一广场支行 278—65840235	密码区	
货物或应税劳务名称	规格型号	单位	数量	单价	金额	税率	税额

货物或应税劳务名称	规格型号	单位	数量	单价	金额	税率	税额
黄油		公斤	1 500	11.50	17 250.00	17％	2 932.50
合　计					￥17 250.00		￥2 932.50

价税合计（大写）	⊗ 贰万零壹佰捌拾贰元伍角整	（小写）￥20 182.50

销货单位	名　　称：宏大乳品厂 纳税人识别号：1490976321008668 地址、电话：4534273 开户行及账号：工行大同支行 8765431	备注	

收款人：　　　　复核：　　　　开票人：张明　　　　销货单位：（章）

第二联：发票联　购货方记账凭证

表 2-99　中国工商银行托收承付结算凭证示例

托收凭证（付款通知）　　5

委托日期 2012 年 12 月 8 日　　付款期限　年　月　日

业务类型	委托收款　✓邮划　电划			托收承付　邮划　电划			
付款人	全　称	康达食品厂		收款人	全　称	宏大乳品厂	
	账号	278-65840235			账号	8755431	
	地址	山西省太原 市县 开户行 工行五一广场支行			地址	山西省大同 市县 开户行 工行大同支行	

金额	人民币（大写）贰万壹仟陆佰捌拾贰元伍角整	亿 千 百 十 万 千 百 十 元 角 分 　　　　　￥2 1 6 8 2 5 0

款项内容	货款	托收凭据名称	发货票	附寄单证张数	2张

商品发运情况	已发

备注

付款人开户银行收到日期　　　年　月　日

复核　　　　记账

付款人开户银行签章　2012 年 12 月 11 日

付款人注意：
1. 根据支付结算办法，上列委托收款（托收承付）款项在付款期限内未提出拒付，即视为同意付款，以此代付款通知。
2. 如需提出全部或部分拒付，应在规定期限内，将拒付理由书附债务证明退交开户银行。

此联为付款人开户银行给付款人按期付款通知

中国工商银行股份有限公司
太原市五一广场支行
2012 12 11
转讫
2012年 12 月11日

表 2-100　公路运输货票示例

公路、内河货物运输业统一发票（代开）

发 票 联

发票代码 213004002121

发票号码

开票日期：2012-12-08

机 打 代 码 机 打 号 码 机 器 编 码	213004002121 414100231133	税 控 码		
收货人及 纳税人识别号	康达食品厂 160128739671011	承 运 人 及 纳税人识别号	山西省联运总公司 140123450401032	
发货人及 纳税人识别号	宏大乳品厂 1490976321008668	主管税务机关 及 代 码	太原市地方税务局杏花岭分局 214897869	

运输项目及金额	货物 名称	数量 （重量）	单位 运价	计费 里程	金额	其他项目及金额	费用名称	金额	备注 大同—太原
	黄油	1.50	1000		1 500.00				

运费小计	¥1 500.00	其他费用小计	¥0.00
合计（大写）	⊗壹仟伍佰元整		（小写）¥1 500.00
代开单位 及 代 码	河北省地方税务局 214897860	扣缴税额、税率 完税凭证号码	¥105.00　　7% (201250) 冀地完电 42041260

代开单位盖章 　　　　　　　　　　　　　开票人：郑宇

表 2-101　拒付理由书示例

托收承付结算 ^{全部}_{部分} 拒绝付理由书 （ ^{存　根}_{代支款通知} ）　1　编号

银行　　拒付日期 2012 年 12 月 11 日　　　　原托收号码：

	收款单位	全　称												
		账　号												
		开户银行			行号									

原托金额	21 682.50	拒付金额	6 727.50	部分承付金额	千	百	十	万	千	百	十	元	角	分
							¥1	4	9	5	5	0	0

附寄单证	部分承付 金额（大写）	壹万肆仟玖佰伍拾伍元整
拒付理由： 　　部分产品过期		（付款单位签章）
银行意见： 　　同意拒付理由 　　（银行签章）　年 月 日		

代支款通知或存根

表 2-102　材料入库单示例

材料入库单

供应单位：**宏大乳品厂**　　材料科目：　　　　　编号：

发票号码：　　2012 年 12 月 11 日　　材料类别：**原料及主要材料**　　仓库：**材料库**

材料编号	名　称	规　格	计量单位	数　量		实　际　成　本					计划成本		② 财会
				应收	实收	买　价		运杂费	其他	合　计	单位成本	金　额	
						单价	金额						
	黄油		公斤	1 500	1 000	11.50	11 500.00	1 395.00		12 895.00	12.00	12 000.00	

收料人：**张晓平**　　供应部门负责人：**王尔康**　　保管：**赵启明**　　经手人：**王小玲**

（32）12 月 11 日，归还长期借款，见表 2-103 农业银行收贷凭单、表 2-104 中国农业银行转账支票。

表 2-103　农业银行收贷凭单示例

山西省农业银行收贷凭单

科　　目：　　　　　　　　　　　　　　　　　　　1　总字第　　号
对方科目：　　2012 年 12 月 11 日　　　　　　　　　字第　　号

付款单位	名　称	**康达食品厂**		收款单位账号	125—87169278									此联单位留存
	账　号	278—65840235	原贷款用途		合同号								
还款金额	（大写）	**伍万元整**			小写	千	百	十	万	千	百	十	元	角	分
								¥	5	0	0	0	0	0	0

| 原贷时间 | 2010 年 12 月 11 日 | 原订归还时间 | 2012 年 12 月 11 日 |
| 原贷金额（大写） | | 小写 | |

会计：　　记账：　　复核：　　制单：　　公章：

表 2-104　中国农业银行转账支票示例

| 中国工商银行
转账支票存根（晋）
Ⅷ05122197 | **中国工商银行转账支票**（晋）太原　Ⅷ05122197 |
| 科　目_____
对方科目_____
出票日期　年　月　日 | 出票日期（大写）贰零　　年　月　日　　付款行名称：
收款人　　　　　　　　　　　　　　出票人账号： |

中国工商银行转账支票存根部分：
科　目_____
对方科目_____
出票日期　年　月　日
收款人：
金　额：
用　途：
单位主管　　会计

中国工商银行转账支票部分：
出票日期（大写）贰零　　年　月　日
收款人
人民币（大写）　_____
用　途_____
上列款项请从我账户内支付
出票人签章：
票付款期十天
科　目（借）_____
对方科目（贷）_____
转账日期　年　月　日
复　核　　记账

| 人民币（大写） | 千 | 百 | 十 | 万 | 千 | 百 | 十 | 元 | 角 | 分 |

（33）12 月 11 日，经法定程序批准发行企业债券。

代理发行企业债券协议书

发行债券单位：（甲方）康达食品厂

代理发行债券单位：（乙方）××证券公司

为解决甲方因自有资金不足的困难，保证企业生产经营的正常进行，经中国人民银行批准，发行企业债券 100 万元，期限为两年，债券年利率为 6％，委托乙方采用代销方式代理发行，为明确责任，经双方协商，达成如下协议：

一、甲方为企业债券的债务人，承担债券的全部风险和经济、法律责任，债券的设计、印刷、广告宣传费用由甲方负责，乙方协助办理。

二、乙方为甲方债券发行的代理人，负责债券的保管、发行、兑付、销毁工作，但不承担债券到期不能按时兑付本息的经济责任和法律责任。

三、在债券发行完毕后，甲方向乙方按实际发行额的 12‰ 支付代理发行兑付手续费，债券发行完毕五日内，乙方将全部所销债券资金划到甲方账户上。

四、债券到期七日前，甲方将全部债券本息划到乙方账户。甲方的发行担保单位是××担保公司。债券到期甲方不能如期还本付息时，担保方必须向乙方提供全部资金，确保债券按期还本付息。债券到期由乙方一次兑付本金和利息。

五、发行债券筹集的资金，甲方只能按人民银行批准的项目用于生产性固定资产的购建，不得挪作他用。

六、本协议一式五份，甲、乙双方各执一份，担保方一份，报送人民银行二份，协议自人民银行批准后生效。

七、甲方应将申请发行企业债券的全套资料各一份，作为协议的附件报送乙方。

发行债券单位	代理发行单位	发行担保单位
（甲方）印章	（乙方）印章	印章
法人代表章	法人代表章	法人代表章
开户行：	开户行：	
账号：	账号：	

2012 年 12 月 11 日

（34）12 月 12 日，从浦东机械厂购入模具，开出商业承兑汇票，见表 2-105 增值税专用发票、表 2-106 公路运输货票（抵扣联略）、表 2-107 商业承兑汇票、表 2-108 低值易耗品入库单。

表 2-105　增值税专用发票示例

上海增值税专用发票　No

发 票 联

开票日期：2012 年 12 月 7 日

购货单位	名　　称：康达食品厂 纳税人识别号：160128739671011 地址、电话：芙州路 4060386 开户行及账号：工行五一广场支行 278—65840235					密码区		
货物或应税劳务名称	规格型号	单位	数量	单价	金　额	税率	税　额
模具		套	20	320.00	6 400.00	17%	1 088.00
合　计					￥6 400.00		￥1 088.00
价税合计（大写）	⊗柒仟肆佰捌拾捌元整					（小写）￥7 488.00	
销货单位	名　　称：浦东机械厂 纳税人识别号：020836795211368 地址、电话：80987218 开户行及账号：工行川办 6229736					备注		

收款人：　　　复核：　　　开票人：魏斌　　　销货单位：（章）

第二联：发票联　购货方记账凭证

表 2-106　公路运输货票示例

公路、内河货物运输业统一发票（代开）

发 票 联

发票代码 537009045353

发票号码

开票日期：2012-12-07

机打代码 机打号码 机器编码	537009045353 939300573377				税控码		
收货人及纳税人识别号	康达食品厂 160128739671011				承运人及纳税人识别号	上海市联运总公司 020857911913175
发货人及纳税人识别号	浦东机械厂 020836795211368				主管税务机关及代码	上海市地方税务浦东分局 539795739
运输项目及金额	货物名称	数量（重量）	单位 运价	计费里程	金额	其他项目及金额	费用名称	金额	备注 浦东—太原
	模具	20.00	40		800.00				
运费小计	￥800.00					其他费用小计	￥0.00	
合计（大写）	⊗捌佰元整						（小写）￥800.00	
代开单位及代码	河北省地方税务局 539795730				扣缴税额、税率 完税凭证号码	￥56.00　　　7% （201264）冀地完电 95161263

代开单位盖章　　　　　　　　　　开票人：陈洁

第一联　发票联　付款方记账凭证　（手写无效）

表 2-107 商业承兑汇票示例

商业承兑汇票(卡片) 1

A B 0 0 1 00000000

出票日期 贰零壹贰年壹拾贰月壹拾贰日
（大写）

付款人	全 称	康达食品厂	收款人	全 称	浦东机械厂
	账 号	278-65840235		账 号	6229736
	开户银行	工行太原五一广场支行		开户银行	工行川办

出 票 金 额	人民币（大写）捌仟贰佰捌拾捌元整	亿 千 百 十 万 千 百 十 元 角 分 ￥8 2 8 8 0 0

汇票到期日（大写）	贰零壹叁年肆月壹拾贰日	付款人开户行	行号	
交易合同号码			地址	太原市并州路38号

备 注：

财务专用章

印 王伟

出票人鉴章

此联承兑人留存

表 2-108 低值易耗品入库单示例

低值易耗品入库单

类 别 低值易耗品
库 别 材料库　　　　　2012 年 12 月 12 日　　　　　No

材料编号	名 称	规格及型号	计量单位	数 量		计划成本		实际成本	
				应收	实收	单价	金额	单价	金额
	模具		套	20	20			357.20	7 144.00
供应单位	浦东机械厂			单据号码					
备 注									

第三联 交财务科

收料人：张晓平　　供应部门负责人：王尔康　　保管：赵启明　　经手人：王小玲

(35) 12 月 12 日，上年已做坏账转销，现收到款，见表 2-109 中国工商银行信汇凭证。

表 2-109　中国工商银行信汇凭证示例

中国工商银行　信汇凭证（汇款依据）　　　　　　　　　　4

委托日期 2012 年 12 月 11 日　　　　　　　　　×××××

汇款人	全　称	大同常青副食大楼	收款人	全　称	康达食品厂	此联汇出行给汇款人的回单
	账　号	138045295		账　号	278-65840235	
	汇出地点	山西省 大同 市/县		汇入地点	山西省 太原 市/县	
汇出行名称		工行新华里支行	汇入行名称		工行五一广场支行	

金额	人民币（大写）	壹万壹仟元整	亿 千 百 十 万 千 百 十 元 角 分
			¥ 1 1 0 0 0 0 0

款项已收入收款人账户
太原市五一广场支行
2012 12 11
转讫

汇入行签章

支付密码

附加信息及用途：
偿还前欠货款

复核　　　　　记账

（36）12 月 12 日，饼干车间领用备品、备件，管理部门领用燃料，见表 2-110、表 2-111 材料领用单。

表 2-110　材料领用单示例（1）

材料领用单

领用单位：饼干车间　　　　　　　2012 年 12 月 12 日　　　　　　　　　编号：

项目 用途	材料名称 螺丝		规格型号	计量单位 公斤		② 此联经签收交材料核算员
	请　领	实　发	单位计划成本	计划总成本	备注	
修理用	5	5	6.00	30.00		
合　计	5	5		30.00		

主管：　　　　审核：　　　　　　　领料：王志忠　　　　　发料：秦叔权

表 2-111　材料领用单示例（2）

材料领用单

领用单位：管理部门　　　　　　　2012 年 12 月 12 日　　　　　　　　　编号：

项目 用途	材料名称 汽油		规格型号	计量单位 升		② 此联经签收交材料核算员
	请　领	实　发	单位计划成本	计划总成本	备注	
汽车运输用	100	100	3.00	300.00		
合　计	100	100		300.00		

主管：　　　　审核：　　　　　　　领料：王志忠　　　　　发料：秦叔权

(37) 12 月 14 日，报销业务招待费，见表 2-112 费用报销单、表 2-113～表 2-116 饮食业定额发票 4 张，其余略。

表 2-112 费用报销单示例

费 用 报 销 单

单位：**办公室**　　　　2012 年 12 月 14 日　　　　　　编号：

开支内容	金　额	结算方式	
招待费	262.00	1. 冲借款＿＿＿元	附单据
		2. 转账＿＿＿元	
		3. 汇款＿＿＿元	**条**
合计	×拾×万×仟贰佰陆拾贰元零角零分	4. 现金付讫262.00 元	张

单位负责人：**王伟**　　　会计主管：**罗雪**　　　经手人：**阎小丽**　　　出纳：**张平**

表 2-113 饮食业定额发票示例（1）

山西省太原市饮食业定额发票

发 票 联

发票代码 000000000000　　　发票号码 00000000

客户名称：康达食品厂

金 额　　伍 元　　￥5.00

收款单位（盖章有效）

开具日期：2012 年 12 月 14 日

表 2-114 饮食业定额发票示例（2）

山西省太原市饮食业定额发票

发 票 联

发票代码 000000000000　　　发票号码 00000000

客户名称：康达食品厂

金 额　　壹 元　　￥1.00

收款单位（盖章有效）

开具日期：2012 年 12 月 14 日

表 2-115 饮食业定额发票示例 (3)

山西省太原市饮食业定额发票

发 票 联

发票代码 000000000000　　　　发票号码 00000000

客户名称：康达食品厂

金额　　**伍拾元**　　¥50.00

收款单位（盖章有效）

开具日期：2012 年 12 月 14 日

表 2-116 饮食业定额发票示例 (4)

山西省太原市饮食业定额发票

发 票 联

发票代码 000000000000　　　　发票号码 00000000

客户名称：康达食品厂

金额　　**壹佰元**　　¥100.00

收款单位（盖章有效）

开具日期：2012 年 12 月 14 日

（38）12 月 14 日，面包车间领用面粉等 10 种原材料，见表 2-117～表 2-126 材料领用单。

表 2-117 材料领用单示例 (1)

材 料 领 用 单

领用单位：**面包车间**　　　　2012 年 12 月 14 日　　　　编号：

项目 用途	材料名称 **面粉**		规格型号		计量单位 **公斤**		②此联经签收交材料核算员
	请　领	实　发	单位计划 成　本	计　划 总成本	备　注		
豆沙面包用	6 200	6 200	2.10	13 020.00			
椰蓉面包用	6 300	6 300	2.10	13 230.00			
合　计	12 500	12 500		26 250.00			

主管：　　　　审核：　　　　领料：**李震**　　　　发料：**秦叔权**

表 2-118　材料领用单示例（2）

材料领用单

领用单位：面包车间　　　　2012 年 12 月 14 日　　　　　　　编号：

项目 用途	材料名称　鸡蛋		规格型号		计量单位　公斤	
	请领	实发	单位计划 成本	计划 总成本	备注
生产用	1 680	1 680	4.80	8 064.00	
合计	1 680	1 680		8 064.00	

主管：　　　　　审核：　　　　　　领料：李震　　　　　　发料：秦叔权

表 2-119　材料领用单示例（3）

材料领用单

领用单位：面包车间　　　　2012 年 12 月 14 日　　　　　　　编号：

项目 用途	材料名称　白砂糖		规格型号		计量单位　公斤	
	请领	实发	单位计划 成本	计划 总成本	备注
生产用	2 500	2 500	4.20	10 500.00	
合计	2 500	2 500		10 500.00	

主管：　　　　　审核：　　　　　　领料：李震　　　　　　发料：秦叔权

表 2-120　材料领用单示例（4）

材料领用单

领用单位：面包车间　　　　2012 年 12 月 14 日　　　　　　　编号：

项目 用途	材料名称　植物油		规格型号		计量单位　公斤	
	请领	实发	单位计划 成本	计划 总成本	备注
生产用	250	250	10.00	2 500.00	
合计	250	250		2 500.00	

主管：　　　　　审核：　　　　　　领料：李震　　　　　　发料：秦叔权

表 2-121　材料领用单示例（5）

材 料 领 用 单

领用单位：面包车间　　　　　2012 年 12 月 14 日　　　　　编号：

项目 用途	材料名称　豆沙		规格型号		计量单位　公斤	
	请　领	实　发	单位计划 成本	计　划 总成本	备　注	
生产用	1 000	1 000	4.10	4 100.00		②此联经签收交材料核算员
合　计	1 000	1 000		4 100.00		

主管：　　　　　审核：　　　　　领料：李震　　　　　发料：秦叔权

表 2-122　材料领用单示例（6）

材 料 领 用 单

领用单位：面包车间　　　　　2012 年 12 月 14 日　　　　　编号：

项目 用途	材料名称　椰蓉		规格型号		计量单位　公斤	
	请　领	实　发	单位计划 成　本	计　划 总成本	备　注	
生产用	50	50	12.00	600.00		②此联经签收交材料核算员
合　计	50	50		600.00		

主管：　　　　　审核：　　　　　领料：李震　　　　　发料：秦叔权

表 2-123　材料领用单示例（7）

材 料 领 用 单

领用单位：面包车间　　　　　2012 年 12 月 14 日　　　　　编号：

项目 用途	材料名称　精碘盐		规格型号		计量单位　公斤	
	请　领	实　发	单位计划 成　本	计　划 总成本	备　注	
生产用	130	130	1.50	195.00		②此联经签收交材料核算员
合　计	130	130		195.00		

主管：　　　　　审核：　　　　　领料：李震　　　　　发料：秦叔权

表 2-124 材料领用单示例 (8)

材料领用单

领用单位：面包车间　　　　2012 年 12 月 14 日　　　　编号：

<table>
<tr><td rowspan="2">用途 \ 项目</td><td colspan="2">材料名称 香精</td><td colspan="2">规格型号</td><td colspan="2">计量单位 公斤</td><td rowspan="5">②此联经签收交材料核算员</td></tr>
<tr><td>请 领</td><td>实 发</td><td colspan="2">单位计划成本</td><td>计划总成本</td><td>备 注</td></tr>
<tr><td>生产用</td><td>70</td><td>70</td><td colspan="2">40.00</td><td>2 800.00</td><td></td></tr>
<tr><td></td><td></td><td></td><td colspan="2"></td><td></td><td></td></tr>
<tr><td></td><td></td><td></td><td colspan="2"></td><td></td><td></td></tr>
<tr><td>合 计</td><td>70</td><td>70</td><td colspan="2"></td><td>2 800.00</td><td></td></tr>
</table>

主管：　　　　审核：　　　　领料：李震　　　　发料：秦叔权

表 2-125 材料领用单示例 (9)

材料领用单

领用单位：面包车间　　　　2012 年 12 月 14 日　　　　编号：

<table>
<tr><td rowspan="2">用途 \ 项目</td><td colspan="2">材料名称 添加剂</td><td colspan="2">规格型号</td><td colspan="2">计量单位 公斤</td><td rowspan="5">②此联经签收交材料核算员</td></tr>
<tr><td>请 领</td><td>实 发</td><td colspan="2">单位计划成本</td><td>计 划总成本</td><td>备 注</td></tr>
<tr><td>生产用</td><td>60</td><td>60</td><td colspan="2">58.00</td><td>3 480.00</td><td></td></tr>
<tr><td></td><td></td><td></td><td colspan="2"></td><td></td><td></td></tr>
<tr><td></td><td></td><td></td><td colspan="2"></td><td></td><td></td></tr>
<tr><td>合 计</td><td>60</td><td>60</td><td colspan="2"></td><td>3 480.00</td><td></td></tr>
</table>

主管：　　　　审核：　　　　领料：李震　　　　发料：秦叔权

表 2-126 材料领用单示例 (10)

材料领用单

领用单位：面包车间　　　　2012 年 12 月 14 日　　　　编号：

<table>
<tr><td rowspan="2">用途 \ 项目</td><td colspan="2">材料名称 黄油</td><td colspan="2">规格型号</td><td colspan="2">计量单位 公斤</td><td rowspan="5">②此联经签收交材料核算员</td></tr>
<tr><td>请 领</td><td>实 发</td><td colspan="2">单位计划成本</td><td>计 划总成本</td><td>备 注</td></tr>
<tr><td>生产用</td><td>800</td><td>800</td><td colspan="2">12.00</td><td>9 600.00</td><td></td></tr>
<tr><td></td><td></td><td></td><td colspan="2"></td><td></td><td></td></tr>
<tr><td></td><td></td><td></td><td colspan="2"></td><td></td><td></td></tr>
<tr><td>合 计</td><td>800</td><td>800</td><td colspan="2"></td><td>9 600.00</td><td></td></tr>
</table>

主管：　　　　审核：　　　　领料：李震　　　　发料：秦叔权

（39）12 月 14 日，产成品入库，见表 2-127 产成品入库单。

表 2-127　产成品入库单示例

产 成 品 入 库 单

交库单位：饼干车间　　　　　　　2012 年 12 月 14 日　　　　　　　　编号：

产品名称	型号规格	单位	交付数量	检查结果		实收数量	金　额	② 转财务科
				合格	不合格			
苏打饼干		公斤	8 800	8 800		8 800		
芝麻饼干		公斤	10 000	10 000		10 000		

车间送库盖章：王志忠　　　　　检验盖章：　　　　　　　　仓库经收盖章：王守明

（40）12 月 14 日，支付广告费，见表 2-128 中国工商银行转账支票、表 2-129 广告业专用发票。

表 2-128　中国工商银行转账支票示例

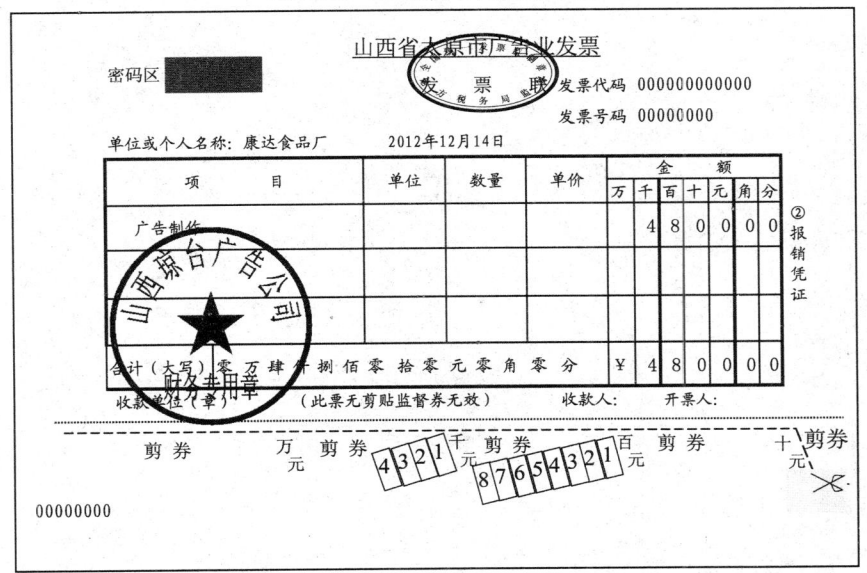

表 2-129　广告业专用发票示例

（41）12 月 14 日，购入股票（交易性金融资产），见表 2-130 成交过户交割凭单。

表 2-130　成交过户交割凭单示例

证券交易成交报告单[买入成交]

成交日期：2012.12.14	打印日期：
资金账号：4178	证券账号：A237447188
客户姓名：	证券名称：盘江股份
申报日期：	申报编号：0
申报时间：10:15:25	成交时间：11:05:05
成交数量：10 000	佣　金：250.000
成交均价：5.000	
成交金额：50 000.00	印花税：100.00
收付金额：50 350.00	过户费：0.000
前/后金额：	附加费用：0.000
本次余股：10 000	

经办单位＿＿＿＿＿＿＿＿＿＿＿＿＿＿＿　客户盖章＿＿＿＿＿＿＿＿＿＿＿＿＿

（42）12 月 14 日，领用包装物及模具，见表 2-131 低值易耗品领用单、表 2-132、表 2-133 包装物领用单。

表 2-131　低值易耗品领用单示例

低 值 易 耗 品 领 用 单

领用部门：面包车间　　　　　2012 年 12 月 14 日　　　　　编号：

项　目　用途	名称：模具		计量单位：套		
	请　领	实　发	单位成本	总成本	备　注
生产用	10	10			
合　计	10	10			

注：领用模具的成本分二次摊销，本月摊销 50%。

领料单位负责人：郭相兵　　　　　保管：秦叔权　　　　　领料：李震

表 2-132　包装物领用单示例（1）

包 装 物 领 用 单

领用部门：面包车间　　　　　2012 年 12 月 14 日　　　　　　　　编号：

名称 \ 项目	用途：生产用		计量单位：包			
	请　领	实　发	单位成本	总成本	备　注
椰蓉面包袋	160	160			
豆沙面包袋	180	180			
合　计	340	340			

领料单位负责人：郭相兵　　　　　保管：秦叔权　　　　　领料：李震

表 2-133　包装物领用单示例（2）

包 装 物 领 用 单

领用部门：饼干车间　　　　　2012 年 12 月 14 日　　　　　　　　编号：

名称 \ 项目	用途：生产用		计量单位：个			
	请　领	实　发	单位成本	总成本	备　注
苏打饼干盒	2 500	2 500			
芝麻饼干盒	3 400	3 400			
合　计	5 900	5 900			

领料单位负责人：王强　　　　　保管：秦叔权　　　　　领料：王志忠

（43）12 月 15 日，产成品入库，见表 2-134 产成品入库单。

表 2-134　产成品入库单示例

产 成 品 入 库 单

交库单位：面包车间　　　　　2012 年 12 月 15 日　　　　　　　　编号：

产品名称	型号规格	单位	交付数量	检查结果		实收数量	金额
				合格	不合格		
椰蓉面包		公斤	9 200	9 200		9 200	
豆沙面包		公斤	10 000	10 000		10 000	

车间送库盖章：李震　　　　　检验盖章：　　　　　仓库验收盖章：王守明

（44）12月16日，向济南华联综合超市销售芝麻饼干10 000公斤，单价（不含税）10.00元，托收承付方式结算，代垫运费，见表2-135增值税专月发票、表2-136托收承付结算凭证、表2-137中国工商银行转账支票存根、表2-138产成品出库单、表2-139运费垫支凭证。

济南华联综合超市情况：纳税人识别号257669325138097；电话7976812；开户行及账号工行大明湖营业部63352481

表 2-135　增值税专用发票示例

山西增值税专用发票

No

此联不作报销、扣税凭证使用　　　　　　　　　　　　开票日期：　　　年　月　日

购货单位	名　　　称：					密码区			
	纳税人识别号：								
	地　址、电话：								
	开户行及账号：								
货物或应税劳务名称	规格型号	单　位	数　量	单　价		金　额	税　率	税　额	
合　　计						￥		￥	
价税合计（大写）						（小写）￥			
销货单位	名　　　称：					备注			
	纳税人识别号：								
	地　址、电话：								
	开户行及账号：								

第三联：记账联　销货方记账凭证

收款人：　　　　　　复核：　　　　　　开票人：　　　　　　销货单位：（章）

表 2-136　托收承付结算凭证示例

托收凭证（受理回单）　　　1

委托日期　　　年　月　日

业务类型	委托收款　邮划　电划				托收承付　邮划　电划				
付款人	全　　称				收款人	全　称			
	账　　号					账　号			
	地址	省	市县	开户行		地址	省	市县	开户行
金额	人民币（大写）					亿千百十万千百十元角分			
款项内容	货款		托收凭据名称			附寄单证张数			
商品发运情况					合同名称号码				
备注：		款项收妥日期							
		年　月　日							

中国工商银行股份有限公司
太原五一广场支行
2012　12　16
收款人开户银行签章
受理凭证章

此联为收款人开户银行给收款人的受理回单

表 2-137　中国工商银行转账支票存根示例

中国工商银行转账支票存根
支票号码　0877268
科　　目
对方科目
签发日期 2012 年 12 月 16 日

收款人：太原铁路局	
金　额	2 200.00
用　途	运费
备　注	

单位主管　　　会计
复核：　　　记账：张平

表 2-138　产成品出库单示例

产 成 品 出 库 单

领用单位：销售科　　　　　2012 年 12 月 16 日　　　　　　编号：

产品名称	型号规格	计量单位	出库数量	备　注	
芝麻饼干		公斤	10 000		第三联 交财务科

主管：　　　　审核：　　　　保管：王守明　　　　　经手人：乔海兵

表 2-139　运费垫支凭证示例

运 费 垫 支 凭 证

2012 年 12 月 16 日

收货单位	运单号	货物名称	发运数量	运杂费	保险费	其他	合计金额（大写）	经手人
济南华联综合超市		芝麻饼干	10 000	2 200			2 200.00	

　　(45) 12 月 16 日，郑州德化副食品大楼采用自提方式向本厂购买椰蓉面包 6 000 公斤，单价（不含税）9.50 元；豆沙面包 10 000 公斤，单价（不含税）9.50 元。委托收款方式结算，见表 2-140 增值税专用发票、表 2-141 产成品出库单、表 2-142 委托银行收款结算凭证。

　　郑州德化副食品大楼情况：纳税人识别号 280933142796431；电话　6043721；开户行及账号　工行二七广场营业部 3467983

表 2-140　增值税专用发票示例

山西增值税专用发票

№

此联不作报销、扣税凭证使用　　　　开票日期：2012 年 12 月 16 日

购货单位	名　　称： 纳税人识别号： 地 址 、电 话： 开户行及账号：					密码区		
货物或应税劳务名称	规格型号	单　位	数　量	单　价	金　额	税　率	税　额	
合　　计					¥		¥	
价税合计（大写）						（小写）¥		
销货单位	名　　称： 纳税人识别号： 地 址 、电 话： 开户行及账号：					备注		

第三联：记账联　销货方记账凭证

收款人：　　　复核：　　　开票人：　　　销货单位：（章）

康达食品厂 160128739671011 发票专用章

表 2-141　产成品出库单示例

产 成 品 出 库 单

领用单位：销售科　　　　2012 年 12 月 16 日　　　　编号：

产品名称	型号规格	计量单位	出库数量	备　　注
椰蓉面包		公斤	6 000	
豆沙面包		公斤	10 000	

第三联　交财务科

主管：　　　审核：　　　保管：王守明　　　经手人：乔海兵

表 2-142　委托银行收款结算凭证示例

托收凭证（受理回单）　　1

委托日期　　年　　月　　日

业务类型	委托收款　　邮划　　电划			托收承付　　邮划　　电划				
付款人	全　称			收款人	全　称			
	账　号				账　号			
	地　址	省　　市县	开户行		地　址	省　　市县	开户行	
金额	人民币（大写）				亿 千 百 十 万 千 百 十 元 角 分			
款项内容	货款	托收凭据名　　称			附寄单证张数			
商品发运情况					合同名称号码			
备注：		款项收妥日期 年　　月　　日			收款人开户银行签章 年　　月　　日			

中国工商银行股份有限公司 太原五一广场支行 2012 12 16 受理凭证章

此联为收款人开户银行给收款人的受理回单

（46）12 月 17 日，购入计算机一台并交付使用，计算机预计使用年限 5 年，预计净残值率 3％，见表 2-143 增值税专用发票、表 2-144 固定资产卡片、表 2-145 固定资产交接单、表 2-146 中国工商银行转账支票。

表 2-143　增值税专用发票示例

山西增值税专用发票　No

发　票　联

开票日期：2012 年 12 月 17 日

购货单位	名　　　称：康达食品厂 纳税人识别号：160128739671011 地　址、电话：并州路 4060386 开户行及账号：工行五一广场支行 278—65840235						密 码 区			
货物或应税劳务名称	规格型号	单　位	数量	单　价	金　额		税率	税　额	
联想计算机		台	1	13 000.00	13 000.00		17％	2 210.00	
合　　计					￥13 000.00			￥2 210.00	
价税合计（大写）	⊗壹万伍仟贰佰壹拾元整						（小写）￥15 210.00		
销货单位	名　　　称：联想专卖店 纳税人识别号：140325299836241 地　址、电话：7072191 开户行及账号：工行五一广场支行 125—837290435						备 注			

第二联：发票联　购货方记账凭证

收款人：王晓玲　　　　复核：　　　　　开票人：曹玉兰　　　销货单位：（章）

表 2-144　固定资产卡片示例

No

固定资产卡片　年　月　日填卡

类　别		编　号		预计使用年限　年		原始价值										
固定资产名称				预订残值　　元		千万	百万	十万	万	千	百	十	元	角	分	
规格及型号				预计清理费　　元												
建造单位				折旧方法		其中安装费										
建造年份				年折旧率　　％												
调入来源				分类折旧率　　％		变动后价值										
验收日期				取得时已使用　年												
技术特征				减少时已提折旧　元		年折旧额										
拨出单位				开始使用日期												
使用单位	年	月	凭证号	使用单位	存放地点	已提折旧截止	年　月末　　元									
							年　月末　　元		月折旧额							
							年　月末　　元									
						卡片注销　年　月　日										

表 2-145　固定资产交接单示例

固定资产交接单

使用单位：　　　　　　　　　　　年　月　日　　　　　　　转移单号：

转移原因或依据								
固定资产名称	规格及型号	单位	数量	预计使用年限	已使用年限	原值	已提折旧	净值
调出单位				使用单位				
公章： 财务： 经办：			（公章）	公章： 财务： 经办：			（公章）	

表 2-146　中国工商银行转账支票示例

中国工商银行（晋） 转账支票存根 Ⅷ05122199 科　　目＿＿＿＿＿ 对方科目＿＿＿＿＿ 出票日期　年　月　日 收款人： 金　额： 用　途： 单位主管　　会计	票付款期十天	**中国工商银行转账支票**（晋）太原　Ⅷ05122199 出票日期（大写）贰零　　年　月　日　　付款行名称： 收款人　　　　　　　　　　　　　　出票人账号： 人民币 （大写）　　　　　　　　　　　千百十万千百十元角分 用　途＿＿＿＿＿　　　　科　　目（借）．．．．．． 上列款项请从　　　　　　对方科目（贷）．．．．．． 我账户内支付　　　　　　转账日期　年　月　日 出票人签章：　　　　　　复核　　　记账

（47）12 月 18 日，收到银行结算凭证，见表 2-147 委托银行收款结算凭证。

表 2-147　委托银行收款结算凭证示例

托收凭证（付款通知）　　5

委托日期 2012 年 12 月 13 日　　付款期限　　年　　月　　日

<table>
<tr><td colspan="2">业务类型</td><td colspan="4">委托收款　√邮划　电划</td><td colspan="5">托收承付　邮划　电划</td></tr>
<tr><td rowspan="3">付款人</td><td>全　称</td><td colspan="3">康达食品厂</td><td rowspan="3">收款人</td><td>全　称</td><td colspan="4">河北保定植物油厂</td></tr>
<tr><td>账　号</td><td colspan="3">278-65840235</td><td>账　号</td><td colspan="4">9731845</td></tr>
<tr><td>地　址</td><td>山西 省 太原 市县</td><td>开户行</td><td>工行五一广场支行</td><td>地　址</td><td colspan="2">河北 省 保定 市县</td><td>开户行</td><td>工行大办</td></tr>
<tr><td>金额</td><td colspan="8">人民币（大写）伍万捌仟伍佰元整</td><td colspan="2">亿 千 百 十 万 千 百 十 元 角 分
¥ 5 8 5 0 0 0 0</td></tr>
<tr><td colspan="2">款项内容</td><td colspan="2">货款</td><td>托收凭据名称</td><td colspan="4">发货票</td><td>附寄单证张数</td><td>1张</td></tr>
<tr><td colspan="2">商品发运情况</td><td colspan="5">已发</td><td colspan="4">合同名称号码</td></tr>
<tr><td colspan="5">备注

付款人开户银行收到日期
年　月　日

复核　　　记账</td><td colspan="4">中国工商银行股份有限公司
太原市五一广场支行
2012 12 18
转讫
付款人开户银行签章
2012年 12 月18 日</td><td colspan="2">付款人注意：
1. 根据支付结算办法，上列委托收款（托收承付）款项在付款期限内未提出拒付，即视为同意付款，以此代付款通知。
2. 如需提出全部或部分拒付，应在规定期限内，将拒付理由书附债务证明退交开户银行。</td></tr>
</table>

此联为付款人开户银行给付款人按期付款通知

（48）12 月 18 日，封切机报废，转入清理，见表 2-148 固定资产报废单。

表 2-148　固定资产报废单示例

固定资产报废单

2012 年 12 月 18 日　　　　编号：

<table>
<tr><td>编　号</td><td>名　称</td><td>规格型号</td><td>单　位</td><td>数　量</td><td>预计使用年限</td><td>已使用年限</td><td>原始价值</td><td>已提折旧额</td><td>报废原因</td></tr>
<tr><td></td><td>封切机</td><td></td><td>台</td><td>1</td><td>8</td><td>8</td><td>12 300.00</td><td>11 685.00</td><td rowspan="3">正常报废</td></tr>
<tr><td></td><td></td><td></td><td></td><td></td><td></td><td></td><td></td><td></td></tr>
<tr><td></td><td></td><td></td><td></td><td></td><td></td><td></td><td></td><td></td></tr>
<tr><td rowspan="2">处理意见</td><td colspan="2">使用部门</td><td colspan="2">技术鉴定小组</td><td colspan="3">固定资产管理部门</td><td colspan="2">主管部门审批</td></tr>
<tr><td colspan="2">签章</td><td colspan="2">同意报废
签章</td><td colspan="3">同意报废
签章</td><td colspan="2">同意
签章</td></tr>
</table>

(49) 12 月 19 日, 支付审计费, 见表 2-149 事业性行政性收费收据、表 2-150 中国工商银行转账支票。

表 2-149 事业性行政性收费收据示例

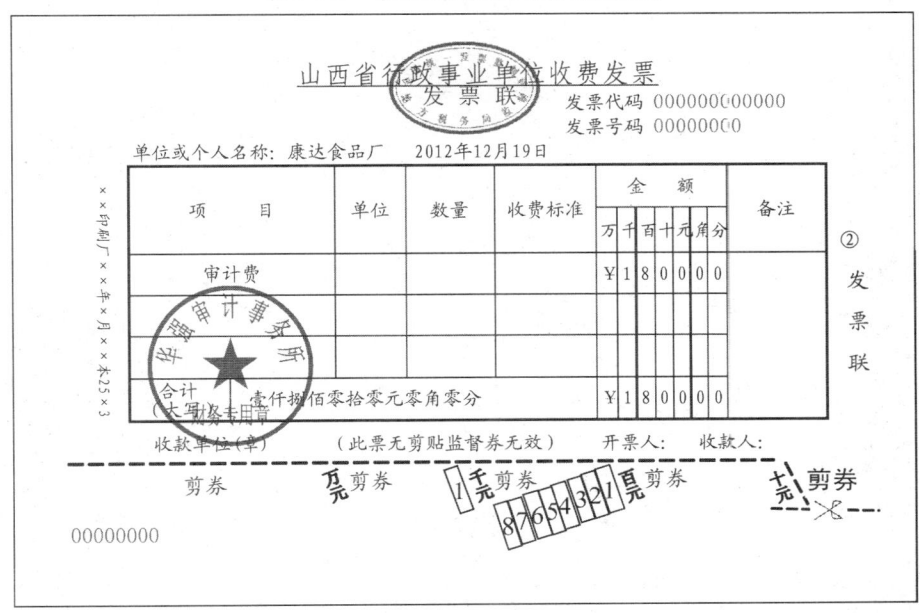

表 2-150 中国工商银行转账支票示例

(50) 12 月 19 日, 向五一副食商场销售饼干, 折扣条件为 2/10, 1/20, $n/30$, 只对价折扣, 见表 2-151 增值税专用发票、表 2-152 产成品出库单。

表 2-151　增值税专用发票示例

山西增值税专用发票

No

此联不作报销、扣税凭证使用　　　　　　　　　　　开票日期：2012 年 12 月 19 日

购货单位	名　　　称：五一副食商场 纳税人识别号：140104879532176 地　址、电话：4049387 开户行及账号：工行五一广场支行 654381967					密码区		
货物或应税劳务名称	规格型号	单位	数量	单价	金额	税率	税额
苏打饼干		公斤	6 000	10.00	60 000.00	17%	10 200.00
合　　计					￥60 000.00		￥10 200.00
价税合计（大写）		⊗柒万零贰佰元整				（小写）￥70 200.00	
销货单位	名　　　称：康达食品厂 纳税人识别号：160128739671011 地　址、电话：4060386 开户行及账号：工行五一广场支行 278—65840235					备注		

收款人：　　　　　　复核：　　　　　　开票人：刘芳　　　　　销货单位：（章）

第三联：记账联　销货方记账凭证

表 2-152　产成品出库单示例

产 成 品 出 库 单

领用单位：销售科　　　　　2012 年 12 月 19 日　　　　　编号：

产品名称	型号规格	计量单位	出库数量	备　注
苏打饼干		公斤	6000	

主管：　　　　审核：　　　　保管：王守明　　　　经手人：乔海兵

第三联　交财务科

　　（51）12 月 19 日，编制销售科工资结算单和工资结算汇总表，销售科陈建明月标准工资为 774 元，本月实际出勤 18 天，病假 2 天，事假 1 天，物价补贴 90 元，加班加点工资为 135 元，经常性奖金 240 元，病假按劳保条例规定扣发 20%。销售科刘海波月标准工资为 903 元，本月实际出勤 19 天，病假 3 天（其中含节假日 1 天），物价补贴 90 元，加班加点工资 90 元，经常性奖金 240 元，病假按劳保条例规定扣发 10%。见表 2-153 工资结算单、表 2-154 工资结算汇总表。

表 2-153　工资结算单示例

工资结算单

2012 年 12 月

部门:销售科　　　　　　　　　　　　　　　　　　　　　　　　　　　　　　　　　单位:元

姓名	出勤天数	月基本工资	经常性生产奖	津贴和补贴		住房公积金	加班加点工资	应扣工资		应付工资	应扣项目						实发金额
				物价补贴	中夜班津贴			病假	事假		养老保险	医疗保险	失业保险	住房公积金	个人所得税	应扣合计	
陈建明																	
刘峰波																	
张明		870	300	90		144	180			1584	115.20	28.80	14.40	230.40		388.80	1195.20
宋伟		960	270	90		156	240			1716	124.80	31.20	15.60	249.60		421.20	1294.80
李小雨		930	300	90		156	240			1716	124.80	31.20	15.60	249.60		421.20	1294.80
崔成光		870	240	90		123.18	75		43.20	1354.98	98.54	24.64	12.31	197.08		332.57	1022.41
合计																	

部门工资核算员签章

会计主管:罗睿　　　复核:李洁　　　制表:杨丰　　　2012 年 12 月 19 日编制

表 2-154　工资结算汇总表示例

工 资 结 算 汇 总 表

2012 年 12 月

单位:元

部门	人数	月基本工资	经常性生产奖	津贴和补贴		住房公积金	加班加点工资	应扣工资		应付工资	养老保险	医疗保险	失业保险	住房公积金	个人所得税	应扣合计	实发金额
				物价补贴	中夜班津贴			病假	事假								
供应科	5	4 350	1 500	450		660	300			7 260	528	132	66	1056		1782	5478
生产科	8	6 900	2 400	720		1058.7	630	63		11 645.7	846.96	211.74	105.87	1693.92		2858.49	8787.21
销售科	6																
劳资科	4	3 600	1 440	360		596.4	600		36	6 560.4	477.12	119.28	59.64	954.24		1610.28	4 950.12
行政科	10	9 000	3 600	900		1338		72	48	14718	1070.4	267.6	133.8	2140.8		3612.60	11105.4
财务科	8	6 720	1 920	720		990	540			10890	792	198	99	1584		2673	8217
办公室	8	9 600	3 300	900		1488	1140	60	24	16368	1190.4	297.6	148.8	2380.8	20	4037.60	12330.4
包装车间生产工人	15	11 760	4 500	1 260		1857.6	1080			20433.6	1486.08	371.52	185.76	2972.16		5015.52	15418.08
包装车间管理人员	6	5 340	1 440	540		768	360			8448	614.4	153.6	76.8	1228.8		2073.6	6374.4
机修车间生产工人	13	10 980	4 440	1 080		1837.8	1920		42	20215.8	1470.24	367.56	183.78	2940.48		4962.06	15 253.74
机修车间管理人员	6	5 640	1 860	540		858	540			9438	686.4	171.6	85.8	1372.8		2316.6	7121.4
供汽车间生产工人	12	10 380	4 200	1 080		1706.4	1440		36	18770.4	1365.12	341.28	170.64	2730.24		4607.28	14163.12
供汽车间管理人员	3	2 820	1 260	270		464.4	294			5108.4	371.52	92.88	46.44	743.04		1253.88	3854.52
修理车间生产工人	12	8 400	3 000	900		1590	3600			17490	1272	318	159	2544		4293	13197
修理车间管理人员	4	3 360	1 242	360		517.2	234		24	5689.2	413.76	103.44	51.72	827.52		1396.44	4292.76
合　计	120																

会计主管:罗壹　　复核:李诺　　制表:杜禾　　　　　　　　　2012 年 12 月 19 日编制

部门工资核算员签章

（52）12 月 20 日，从银行提取现金并发放工资，见表 2-155 中国工商银行现金支票。

表 2-155　中国工商银行现金支票示例

| 中国工商银行现金支票存根 （ ） B B 02 05122201 附加信息 ____ ____ 出票日期　年 月 日 收款人： 金　额： 用　途： 单位主管　会计 | 中国工商银行　现金支票（ ）　太 B B　05122201 原 02 出票日期（大写）　年　月　日　付款行名称： 收款人：　　　　　　　　　　出票人账号： 人民币（大写）　　　　　　　　亿千百十万千百十元角分 用途 ____ 上述款项请从我帐户内支付 出票人签章 复核　　　　记账 |

（53）12 月 21 日，职工林杨报销办公费，见表 2-156 费用报销单、表 2-157 销售发票。

表 2-156　费用报销单示例

费 用 报 销 单

单位：财务科　　　　2012 年 12 月 21 日　　　　编号

开 支 内 容	金　额	结 算 方 式
办公费	450.00	1. 冲借款____元 2. 转账____元 3. 汇款____元 4. 现金付讫450.00 元
合　计　×拾×万×仟肆佰伍拾零元零角零分		

单位负责人：王伟　　会计主管：罗雪　　经手人：林杨　　出纳：张平

附单据 壹 张

表 2-157　销售发票示例

河北省唐县益昌科目章厂销售发票

发　票　联

（03）No 0005060
国字

名称：　　　　　　　　　　2012 年 12 月 5 日

税务登记号：13303010997376—2

品　名	规　格	单位	数量	单价	金　额							垫付费用		说　明	二
					千	百	拾	元	角	分	名　称	金额		付
印章		套	1	450.00	¥	4	5	0	0	0				款
														方
											备　注			收
合计人民币大写	肆佰伍拾元整						¥450.00							执

单位（章）　　　　　　　　复核：　　　　　　开票人：王彬

　　（54）12 月 21 日，向太原市废品公司出售报废的封切机一台，取得变价收入 500 元，以现金收回，该固定资产已清理完毕，结转其清理净损益，见表 2-158 山西省太原市商业普通发票。

　　太原市废品公司情况：　纳税人识别号　835674218593227

表 2-158　山西省太原市商业普通发票示例

山西省太原市商业普通发票　晋国税商Ⅲ（03）

年　月　日　　　No.0814449

购货单位名称		纳税人识别号		金　额							③
品 名 规 格	单位	数量	单价	万	千	百	十	元	角	分	记
											账
											联
金额合计	万千佰拾元角分										
销货单位名称		纳税人识别号									

销货单位（章）　（此票无剪贴监督券无效）　开票人：

00000000

（55）12 月 21 日，收到银行存款利息清单，见表 2-159 银行计算利息清单。

表 2-159　银行计算利息清单示例

中国工商银行计算利息清单

（156）　　　　　　　　　　　　　　　　　　　　　　　　第　号

单位名称：**康达食品厂**　　　　　　2012 年 12 月 20 日　　　　　账号：278—65840235

起息日期			结息日期			天数	积					数			利　率	利					息				第一联　收入凭证
年	月	日	年	月	日		百	十	亿	千	百	十	万	千		百	十	万	千	百	十	元	角	分	
2012	9	21	2012	12	20	90			¥	5	7	2	3	3	0.072‰			¥	4	1	2	0	7	8	

上列利息已照付，你单位做增款处理

（工商银行盖章）

分录　　　　　　　　　　　　　　　　记账

（56）12 月 21 日，收到银行短期借款利息清单，见表 2-160、表 2-161 银行计收利息清单。

表 2-160　银行计收利息清单示例（1）

中国农业银行计收利息清单（支款通知）

2012 年 12 月 20 日

户　名	**康达食品厂**				账号	278—65840235
计息起止时间	2012 年 9 月 21 日至 2012 年 12 月 20 日					
贷款种类	贷款账号	计息日贷款余额	计息积数	利率	计收利息金额	左列贷款利息业已从你单位账户扣付逾期罚息 30%
	125—830081696	120 000.00	11 040 000.00	0.216‰	2 384.64	

转账日期：
20　年　月　日

利息金额人民币（大写）	**贰仟叁佰捌拾肆元陆角肆分**	十万	千	百	十	元	角	分
			¥	2	3	8	4	6	4

单位主管　　　会计　　　复核　　　记账

表 2-161 银行计收利息清单示例（2）

③ 中国农业银行计收利息清单（支款通知）

2012 年 12 月 20 日

户 名	康达食品厂				账号	278—65840235

计息起止时间	2012 年 12 月 10 日至 2012 年 12 月 20 日					

贷款种类	贷款账号	计息日贷款余额	计息积数	利率	计收利息金额	左列贷款利息业已从你单位账户扣付逾期罚息 30%
	125—830081696	100 000.00	1 000 000.00	0.216‰	216.00	
						转账日期：20 年 月 日

利息金额 人民币（大写）	贰佰壹拾陆元整	十	万	千	百	十	元	角	分
				¥	2	1	6	0	0

单位主管　　会计　　复核　　记账

　　（57）12 月 22 日，用面包换得飞利浦音响一套，交付厂工会使用，并以银行存款支付补价 3 730 元，见表 2-162 商品零售发票、表 2-163 银行转账支票、表2-164增值税专用发票、表 2-165 固定资产交接单、表 2-166 产成品出库单。固定资产卡片略。

注：该非货币性资产交换具有商业实质，而且换出资产与换入资产的公允价值均能可靠计量。

表 2-162 商品零售发票示例

(03)

开户银行	
账 号	

山西省商品流通业商品零售发票

商三 (88)

2012 年 12 月 22 日　　　No

购货单位：康达食品厂

货 号	品名及规格	单位	数量	零售价	金　额							单位盖章
					万	千	百	十	元	角	分	
	飞利浦音响	套	1	22 730.00	2	2	7	3	0	0	0	
合计金额	（大写）贰万贰仟柒佰叁拾零元零角零分				2	2	7	3	0	0	0	

复核：　　　　收款：巩小燕　　　　开票人：

第二联 发票

表 2-163　银行转账支票示例

中国工商银行
转账支票存根 （晋）
Ⅷ05122201

科　　目＿＿＿＿＿＿
对方科目＿＿＿＿＿＿
出票日期　年　月　日

| 收款人： |
| 金　额： |
| 用　途： |

单位主管　　会计

中国工商银行转账支票 （晋）太原　Ⅷ05122201

出票日期（大写）贰零　　年　月　日

付款行名称：

收款人

出票人账号：

| 人民币 （大写） | | 千 | 百 | 十 | 万 | 千 | 百 | 十 | 元 | 角 | 分 |

用　途＿＿＿＿＿＿

科　　目（借）．．．．．．．

上列款项请从

对方科目（贷）．．．．．．．

我账户内支付

转账日期　年　月　日

票付款期十天

出票人签章

复核　　　　记账

表 2-164　增值税专用发票示例

山西增值税专用发票

No

此联不作报销、扣税凭证使用

开票日期：2012 年 12 月 22 日

购货单位	名　　　称：五一百货大楼 纳税人识别号：140156780128725 地址 、电话：7233058 开户行及账号：工行五一广场支行 128—80080375					密 码 区			
货物或应税劳务名称	规格型号	单　位	数　量	单　价	金　额	税　率	税　额		
椰蓉面包		公斤	1 000	9.50	9 500.00	17%	1 615.00		
豆沙面包		公斤	1 000	9.50	9 500.00	17%	1 615.00		
合　　计					¥19 000.00		¥3 230.00		
价税合计（大写）	⊗贰万贰仟贰佰叁拾元整					（小写）¥22 230.00			
销货单位	名　　　称：康达食品厂 纳税人识别号：160128739671011 地址 、电话：4060386 开户行及账号：工行五一广场支行 278—65840235					备 注			

第三联：记账联　销货方记账凭证

收款人：　　　　复核：　　　　开票：刘芳　　　　销货单位：（章）

表 2-165　固定资产交接单示例

固定资产交接单

使用单位：行政科　　　　2012 年 12 月 22 日　　　转移单号：

转移原因或依据				新购音响用于职工俱乐部				
固定资产名称	规格及型　号	单　位	数　量	预计使用年限	已使用年　限	原值	已提折旧	净值
飞利浦音响		套	1	10		25 960.00		25 960.00
调出单位				使用单位				
公章： 财务： 经办：		（公章）		公章： 财务： 经办：			（公章）	

表 2-166　产成品出库单示例

产 成 品 出 库 单

领用单位：**销售科**　　　　　　　2012 年 12 月 22 日　　　　　　　编号：

产品名称	型号规格	计量单位	出库数量	备　注
椰蓉面包		公斤	1 000	
豆沙面包		公斤	1 000	

主管：　　　　　　审核：　　　　　　保管：**王守明**　　　　　经手人：**乔海兵**

（58）12 月 23 日，产成品入库，见表 2-167、表 2-168 产成品入库单。

表 2-167　产成品入库单示例

产 成 品 入 库 单

交库单位：**面包车间**　　　　　　　2012 年 12 月 23 日　　　　　　　编号：

产品名称	型号规格	单位	交付数量	检查结果		实收数量	金　额
				合格	不合格		
椰蓉面包		公斤	9 600	9 600		9 600	
豆沙面包		公斤	11 000	11 000		11 000	

车间送库盖章：**李震**　　　　　检验盖章：　　　　　仓库经收盖章：**王守明**

表 2-168　产成品入库单示例

产 成 品 入 库 单

交库单位：**饼干车间**　　　　　　　2012 年 12 月 23 日　　　　　　　编号：

产品名称	型号规格	单位	交付数量	检查结果		实收数量	金　额
				合格	不合格		
苏打饼干		公斤	9 400	9 400		9 400	
芝麻饼干		公斤	8 500	8 500		8 500	

车间送库盖章：**王志忠**　　　　　检验盖章：　　　　　仓库经收盖章：**王守明**

（59）12 月 24 日，销售面包、饼干，收到商业承兑汇票，见表 2-169、表 2-170 增值税专用发票、表 2-171 商业承兑汇票，表 2-172、表 2-173 产成品出库单。

表 2-169　增值税专用发票示例（1）

山西增值税专用发票 No

此联不作报销、扣税凭证使用

开票日期：2012 年 12 月 24 日

<table>
<tr><td rowspan="4">购货单位</td><td>名　　　称：天龙超市</td><td rowspan="4">密码区</td></tr>
<tr><td>纳税人识别号：140201357189215</td></tr>
<tr><td>地　址 、电话：4085369</td></tr>
<tr><td>开户行及账号：工行迎办 8793126</td></tr>
</table>

货物或应税劳务名称	规格型号	单　位	数　量	单　价	金　额	税　率	税　额
椰蓉面包		公斤	6 000	9.50	57 000.00	17%	9 690.00
豆沙面包		公斤	5 000	9.50	47 500.00	17%	8 075.00
合　计					￥104 500.00		￥17 765.00

价税合计（大写）	⊗壹拾贰万贰仟贰佰陆拾伍元整		（小写）￥122 265.00

<table>
<tr><td rowspan="4">销货单位</td><td>名　　　称：康达食品厂</td><td rowspan="4">备注</td></tr>
<tr><td>纳税人识别号：160128739671011</td></tr>
<tr><td>地　址、电话：4060386</td></tr>
<tr><td>开户行及账号：工行五一广场支行 278—65840235</td></tr>
</table>

收款人：　　　　复核：　　　　开票人：刘芳　　　　销货单位：（章）

第三联：记账联　销货方记账凭证

表 2-170　增值税专用发票示例（2）

山西增值税专用发票 No

此联不作报销、扣税凭证使用

开票日期：2012 年 12 月 24 日

<table>
<tr><td rowspan="4">购货单位</td><td>名　　　称：天龙超市</td><td rowspan="4">密码区</td></tr>
<tr><td>纳税人识别号：140201357189215</td></tr>
<tr><td>地　址、电话：4085369</td></tr>
<tr><td>开户行及账号：工行迎办 8793126</td></tr>
</table>

货物或应税劳务名称	规格型号	单　位	数　量	单　价	金　额	税　率	税　额
苏打饼干		公斤	4 000	10.00	40 000.00	17%	6 800.00
芝麻饼干		公斤	5 000	10.00	50 000.00	17%	8 500.00
合　计					￥90 000.00		￥15 300.00

价税合计（大写）	⊗壹拾万伍仟叁佰元整		（小写）￥105 300.00

<table>
<tr><td rowspan="4">销货单位</td><td>名　　　称：康达食品厂</td><td rowspan="4">备注</td></tr>
<tr><td>纳税人识别号：160128739671011</td></tr>
<tr><td>地　址、电话：4060386</td></tr>
<tr><td>开户行及账号：工行五一广场支行 276—65840235</td></tr>
</table>

收款人：　　　　复核：　　　　开票人：刘芳　　　　销货单位：（章）

第三联：记账联　销货方记账凭证

表 2-171　商业承兑汇票示例

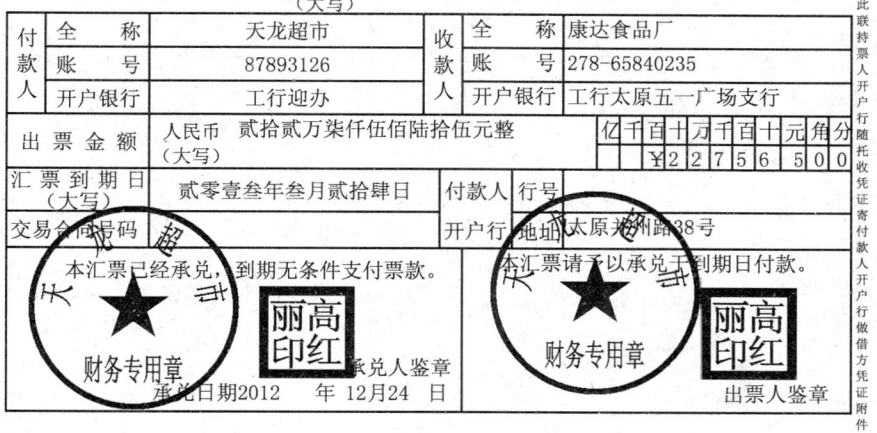

表 2-172　产成品出库单示例（1）

产 成 品 出 库 单

领用单位：销售科　　　　　2012 年 12 月 24 日　　　　　编号：

产品名称	型号规格	计量单位	出库数量	备　注
椰蓉面包		公斤	6 000	
豆沙面包		公斤	5 000	

主管：　　　　审核：　　　　保管：王守明　　　　经手人：张一清

第三联　交财务科

表 2-173　产成品出库单示例（2）

产 成 品 出 库 单

领用单位：销售科　　　　　2012 年 12 月 24 日　　　　　编号：

产品名称	型号规格	计量单位	出库数量	备　注
苏打饼干		公斤	4 000	
芝麻饼干		公斤	5 000	

主管：　　　　审核：　　　　保管：王守明　　　　经手人：张一清

第三联　交财务科

（60）12 月 25 日，收到郑州德化副食品大楼货款，见表 2-174 银行进账单。

表 2-174　银行进账单示例

中国工商银行 进账单（收款通知）　3

2012 年 12 月 24 日　　　　　　　　　No

付款人	全　称	郑州德化副食品大楼	收款人	全　称	康达食品厂
	账　号	3467987		账　号	278—65840235
	开户银行	工行营业部		开户银行	工行五一广场支行

| 人民币（大写） | 陆万叁仟伍佰贰拾元整 | 千 | 百 | 十 | 万 | 千 | 百 | 十 | 元 | 角 | 分 |
| | | | | ¥ | 6 | 3 | 5 | 2 | 0 | 0 | 0 |

| 票据种类 | 银行汇票 | 用途 | 货款 |
| 票据张数 | 1 | | |

单位主管　　　会计　　　复核　　　记账

收款人开户行盖章

中国工商银行股份有限公司
太原市五一广场支行
2012 12 24
转讫

此通知联是收款人开户银行依据交给收款人的收账

（61）12 月 25 日，购买灭火器交仓库使用，见表 2-175 增值税专用发票、表 2-176 低值易耗品领用单、表 2-177 银行转账支票。备查账用低值易耗品登记簿的登记略。

表 2-175　增值税专用发票示例

山西增值税专用发票　No

发 票 联

开票日期：2012 年 12 月 25 日

| 购货单位 | 名　称：康达食品厂
纳税人识别号：160128739671011
地址、电话：芳州路 4060386
开户行及账号：工行五一广场支行 278—65840235 | 密码区 | |

货物或应税劳务名称	规格型号	单位	数量	单价	金额	税率	税额
消防灭火器		个	2	380.00	760.00	17%	129.20
合　计					¥760.00		¥129.20

| 价税合计（大写） | ⊗捌佰捌拾玖元贰角整 | （小写）¥889.20 |

| 销货单位 | 名　称：汇通消防器材厂
纳税人识别号：140258447936124
地址、电话：7072693
开户行及账号：工行建北办 6679308 | 备注 | |

收款人：王永兴　　　复核：　　　开票人：冯英　　　销货单位：（章）

第二联：发票联　购货方记账凭证

表 2-176　低值易耗品领用单示例

低值易耗品领用单

领用部门：产成品仓库　　　　　2012 年 12 月 25 日　　　　　　编号：

项目 / 用途	名称：消防灭火器		计量单位：个	规格：	
	请　领	实　发	单位成本	总成本	备　注
消防备用	2	2	380.00	760.00	一次摊销
合　计	2	2	380.00	760.00	

领料单位负责人：　　　　　　保管：秦叔权　　　　　　领料：王守明

表 2-177　银行转账支票示例

中国工商银行 转账支票存根　（晋） Ⅷ05122202 科　　目＿＿＿＿ 对方科目＿＿＿＿ 出票日期　年　月　日	中国工商银行转账支票（晋）太原　Ⅷ05122202 出票日期（大写）贰零　　年　月　日　　付款行名称： 收款人　　　　　　　　　　　　　出票人账号：

| | 收款人：
金　额：
用　途： | 票付款期十天 | 人民币
（大写）　　　　　　　　　　　　　千百十万千百十元角分 |
| 单位主管　　会计 | | | 用　途＿＿＿＿　　　　科　目（借）＿＿＿＿
上列款项请从　　　　　对方科目（贷）＿＿＿＿
我账户内支付　　　　　转账日期　年　月　日
出票人签章　　　　　　复　核　　记账 |

(62) 12 月 25 日，收到五一副食商场货款，见表 2-178 中国工商银行进账单。

表 2-178 中国工商银行进账单示例

中国工商银行 进 账 单（收账通知）

2012 年 12 月 24 日　　　　　　　No

付款人	全　称	五一副食商场	收款人	全　称	康达食品厂
	账　号			账　号	278—65840235
	开户银行			开户银行	工行五一广场支行

人民币（大写）	陆万玖仟元整	千	百	十	万	千	百	十	元	角	分
				¥	6	9	0	0	0	0	0

票据种类	支票
票据张数	1
单位主管　　会计　　复核　　记账	收款人开户行盖章

此通知不作为提货依据。联是收款人开户银行交给收款人的收账

（63）12 月 25 日，用现金购买办公用品，交办公室使用，见表 2-179 费用报销单、表 2-180、表 2-181 商品零售发票。

表 2-179 费用报销单示例

费 用 报 销 单

单位：行政科　　　　　2012 年 12 月 25 日　　　　　　编号：

开 支 内 容	金 额	结 算 方 式
办公费	585.90	1. 冲借款＿＿＿元 2. 转　账＿＿＿元 3. 汇　款＿＿＿元 4. 现金付讫585.90 元
合　计	×拾×万×仟伍佰捌拾伍元玖角零分	

单位负责人：王伟　　　会计主管：罗雪　　　经手人：张华　　　出纳：张平

附单据 壹 张

表 2-180　商品零售发票示例（1）

（03）

开户银行	
账　　号	

山西省商品流通业商品零售发票

商三

No

购货单位：康达食品厂　　　　　　2012 年 12 月 25 日

货　号	品名及规格	单位	数量	零售价	金　　额								单位盖章
					万	千	百	十	元	角	分		
	A4 复印纸	箱	2	245.00		¥	4	9	0	0	0	
合计金额	（大写）肆佰玖拾零元零角零分											

复核：　　　　　收款：郑东平　　　　　开票：

第二联　发票

表 2-181　商品零售发票示例（2）

（03）

开户银行	
账　　号	

山西省商品流通业商品零售发票

商三

No

购货单位：康达食品厂　　　　　　2012 年 12 月 25 日

货　号	品名及规格	单位	数量	零售价	金　　额								单位盖章
					万	千	百	十	元	角	分		
	32K 笔记本	本	7	5.60			¥	3	9	2	0	
	碳素笔	支	9	6.30			¥	5	6	7	0	
合计金额	（大写）×佰玖拾伍元玖角零分											

复核：　　　　　收款：郑东平　　　　　开票：

第二联　发票

（64）12 月 25 日，修理车间领用备件，见表 2-182 材料领用单。

表 2-182　材料领用单示例

材 料 领 用 单

领用单位：修理车间　　　　　　2012 年 12 月 25 日　　　　　　编号：

项目　用途	材料名称	漏斗		计量单位	个	
		请　领	实　发	单位计划成本	计　划总成本	备　注
修理用		5	5	117.00	585.00	
合　计		5	5		585.00	

主管：　　　　审核：　　　　领料：韩君　　　　发料：秦叔权

②此联经签收交材料核算员

（65）12 月 26 日，支付报刊杂志订阅费，见表 2-183 杂志费收据、表 2-184 银行转账支票。

表 2-183　杂志费收据示例

中国人民邮电杂志费收据

户名：康达食品厂

地址：并州路 188 号　　　　　　2012 年 12 月 26 日　　　　　　　第　号

代号	报纸名称	起止订期	订阅份数	每份单价季价	共计款额
	收款附单	2013 年 全年	21		￥1 212.00

本据未加盖日戳及收款人名章或数字涂改均无效，查询改址等事，请交验本据。

表 2-184　银行转账支票示例

中国工商银行 （晋） 转账支票存根 Ⅷ05122203 科　　目＿＿＿＿＿ 对方科目＿＿＿＿＿ 出票日期　年　月　日	中国工商银行转账支票（晋）太原　Ⅷ05122203 出票日期（大写）贰零　　年　月　日　　付款行名称： 收款人　　　　　　　　　　　　　　出票人账号：

中国工商银行转账支票存根

收款人：
金　额：
用　途：

单位主管　　会计

票付款期十天

人民币（大写）　　　　　　　　　　千百十万千百十元角分

用　途＿＿＿＿＿＿　　科　目（借）............
上列款项请从　　　　对方科目（贷）............
我账户内支付　　　　转账日期　年　月　日
出票人签章：　　　　复　核　　　记账

（66）12 月 26 日收到 12 月 16 日向济南华联综合超市托收承付销售产品货款，见表 2-185 中国工商银行托收承付结算凭证。

表 2-185 中国工商银行托收承付结算凭证示例

托收凭证（收账通知）　　　4

		委托日期　2012年 12 月 16 日					付款期限　　年　月　日											

业务类型　委托收款　邮划　电划　　　托收承付　邮划　电划

付款人	全　称	济南华联综合超市		收款人	全　称	康达食品厂										
	账　号	63352481			账　号	278-65840235										
	地　址	山东省济南市　开户行　工行营业部			地　址	山西省太原市　开户行　工行五一广场支行										

金额	人民币（大写）壹拾壹万玖仟贰佰元整		亿	千	百	十	万	千	百	十	元	角	分
					¥	1	1	9	2	0	0	0	0

款项内容	货款	托收凭据名称	中国工商银行股份有限公司 太原市五一广场支行 2012 12 26	附寄单证张数	2张
商品发运情况	已发运	合同名称号码			

备注		上列款项已划回收入方账户 转讫 收款人开户银行签章 2012年 12 月 26 日
复核　　　记账		

此联为收款人开户银行给收款人的收账通知

（67）12 月 27 日，支付电话费，见表 2-186 电信局专用收据、表 2-187 银行转账支票。

表 2-186 电信局专用收据示例

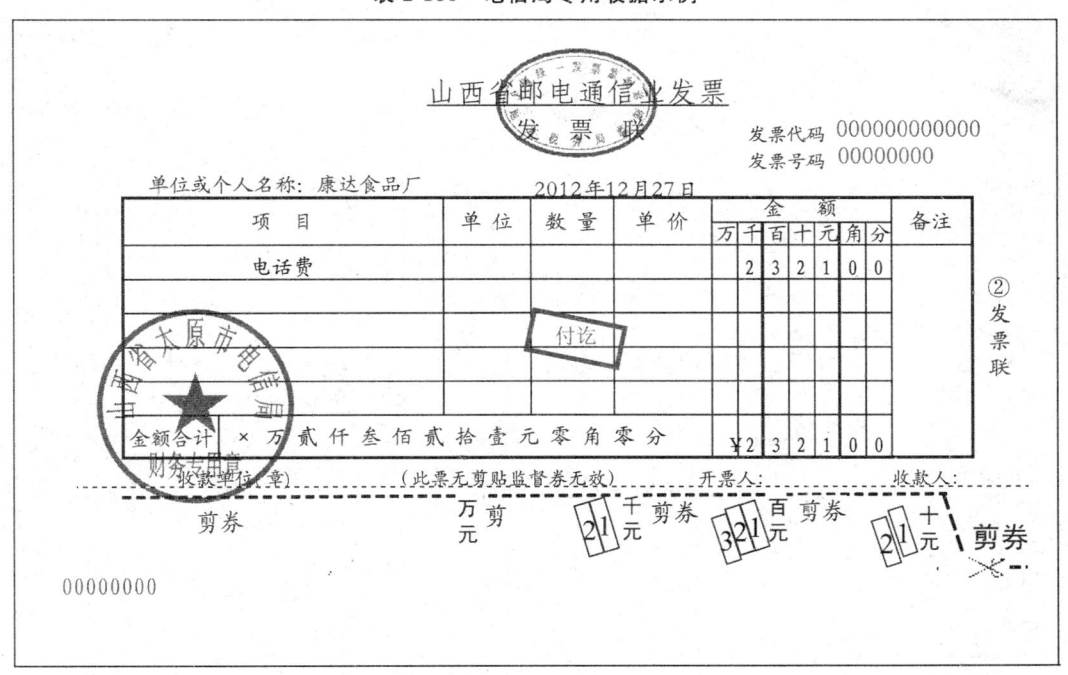

表 2-187　银行转账支票示例

中国工商银行　（晋） 转账支票存根 Ⅷ05122204 科　目＿＿＿＿ 对方科目＿＿＿＿ 出票日期　年　月　日 收款人： 金　额： 用　途： 单位主管　　会计	中国工商银行转账支票 （晋）太原　Ⅷ05122204

出票日期（大写）贰零　　年　月　日　　付款行名称：

收款人　　　　　　　　　　　出票人账号：

人民币 （大写）		千	百	十	万	千	百	十	元	角	分

用　途＿＿＿＿　　　　　科　目（借）﹍﹍﹍﹍

上列款项请从　　　　　　对方科目（贷）﹍﹍﹍﹍

我账户内支付　　　　　　转账日期　年　月　日

出票人签章：　　　　　　复　核　　记账

票付款期十天

（68）12 月 27 日，从河北省异地采购专户购入盐到货，已验收入库，多余款退回（信汇），见表 2-188 增值税专用发票、表 2-189 材料入库单、表 2-190 公路运输货票（抵扣联略）、表 2-191 中国工商银行信汇凭证。

表 2-188　增值税专用发票示例

河北增值税专用发票

No

发　票　联

开票日期：2012 年 12 月 25 日

购货单位	名　　称：康达食品厂 纳税人识别号：160128739671011 地址、电话：异州路 4060386 开户行及账号：工行广场支行 278—65840235	密码区	

货物或应税劳务名称	规格型号	单位	数量	单价	金额	税率	税额
盐		公斤	6 000	1.40	8 400.00	17%	1 428.00
合　计					￥8 400.00		￥1 428.00

价税合计（大写）	⊗玖仟捌佰贰拾捌元整	（小写）￥9 828.00

销货单位	名　　称：河北省盐业公司 纳税人识别号：168734376873022 地址、电话：7086587 开户行及账号：工行红旗支行 658—74036690	备注

第二联：发票联　购货方记账凭证

收款人：王发　　　　复核：　　　　开票人：张元　　　　销货单位：（章）

表 2-189　材料入库单示例

材料入库单

供应单位：河北省盐业公司　　　　　　　　　　材料科目：　　　　　　　　　编号：

发票号码：　　　　　　　2012 年 12 月 25 日　　材料类别：原料及主要材料　仓库：材料库

材料编号	名　称	规　格	计量单位	数量		实际成本					计划成本		② 财会
				应收	实收	买价		运杂费	其他	合　计	单位成本	金　额	
						单价	金额						
	精碘盐		公斤	6 000	6 000	1.40	8 400.00	1 674.00		10 074.00	1.50	9 000.00	

收料人：张晓平　　　供应部门负责人：王尔康　　　保管：赵启明　　　经手人：申华英

表 2-190　公路运输货票示例

公路、内河货物运输业统一发票（代开）

发　票　联

发票代码 406225346781

发票号码

开票日期：2012-12-25

机 打 代 码 机 打 号 码 机器编码	406225346781 929300072497	税控码		第一联 发票联 付款方记账凭证 （手写无效）
收货人及 纳税人识别号	康达食品厂 160128739671011	承运人及 纳税人识别号	河北省联运总公司 267384593210745	
发货人及 纳税人识别号	河北省盐业公司 168734376873022	主管税务机关 及　代　码	河北省地方税务局三分局 428682404	

运输项目及金额	货物名称	数量（重量）	单位运价	计费里程	金额	其他项目及金额	费用名称	金额	备注 石家庄— 太原
	盐	6.00	300		1 800.00				

运费小计	¥1 800.00		其他费用小计	¥0.00	
合计（大写）	⊗壹仟捌佰元整			（小）¥1 800.00	
代 开 单 位 及 代 码	河北省地方税务局 428682400		扣缴税额、税率 完税凭证号码	¥126.00　　7% (201285) 冀地完电 32061532	

代开单位盖章　　　　　　　　　　　　　开票人：武宇

表 2-191 中国工商银行信汇凭证示例

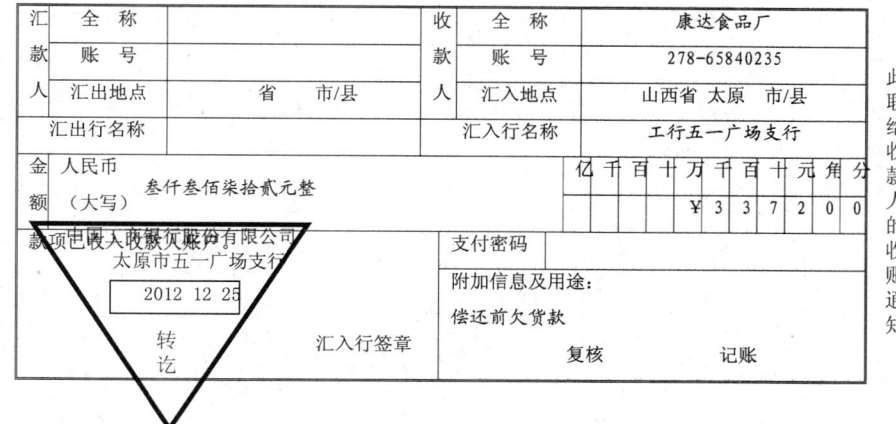

中国工商银行 信汇凭证（汇款依据） 4

委托日期 2012 年 12 月 25 日 ××××××

汇款人	全 称		收款人	全 称	康达食品厂
	账 号			账 号	278-65840235
	汇出地点	省 市/县		汇入地点	山西省 太原 市/县
	汇出行名称			汇入行名称	工行五一广场支行

金额 人民币（大写） 叁仟叁佰柒拾贰元整

亿	千	百	十	万	千	百	十	元	角	分
					￥	3	3	7	2	0	0

款项已收入收款人账户
太原市五一广场支行
2012 12 25
转讫

汇入行签章

支付密码

附加信息及用途：
偿还前欠货款

复核 记账

此联给收款人的收账通知

(69) 12 月 28 日，报废固定资产转入清理，见表 2-192 固定资产报废单。

表 2-192 固定资产报废单示例

固定资产报废单

2012 年 12 月 28 日 编号：

编号	名称	规格型号	单位	数量	预计使用年限	已使用年限	原始价值	已提折旧额	报废原因
	汽车	解放	辆	1	6	2	52 000.00	16 467.00	
									事故报废

处理意见	使用部门	技术鉴定小组	固定资产管理部门	主管部门审批
		已无修理价值，建议报废		
	签章	签章	签章	签章

(70) 12 月 28 日，购买现金支票等空白凭证，见表 2-193 银行空白凭证收费单。

表 2-193　银行空白凭证收费单示例

中国工商银行空白凭证收费单（单位回单）①

2012 年 12 月 28 日　　　　　　　　　　总字第　　　号

付款单位全称	康达食品厂												收款行	中国工商银行
账　　　号	278—65840235												收款科目	
开 户 行	工行五一广场支行												收款账户	

凭证种类名称	数量	单位	单价	金　　额								领用凭证号码
				十	万	千	百	十	元	角	分	
现金支票	1	本	7.50						7	5	0	0986051—0986075
转账支票	1	本	7.50						7	5	0	0173201—0173225
进账单	2	本	1.50						3	0	0	
合　　计							¥	1	8	0	0	

人民币（大写）　壹拾捌元整

(71) 12 月 28 日，收到职工高卓林违章用电罚款 200 元，见表 2-194 收据。

表 2-194　收据示例

收　　据

年　月　日　　　　　　　　　　第182号

今收到	
交　来	
人民币（大写）	¥
单位印章　　　会计主管　　　收款人　　　经手人	

第三联　会计凭证

(72) 12 月 28 日，支付水电费，见表 2-195、表 2-196 增值税专用发票、表 2-197、表 2-198 银行转账支票。

表 2-195　增值税专用发票示例 (1)

山西增值税专用发票 No

发 票 联

开票日期：2012 年 12 月 28 日

购货单位	名　　称：康达食品厂							密码区	
	纳税人识别号：160128739671011								
	地址、电话：4060386								
	开户行及账号：工行五一广场支行 278—65840235								

货物或应税劳务名称	规格型号	单位	数量	单价	金　额	税率	税　额
电力		度	27 000	0.50	13 500.00	17％	2 295.00
合　计					￥13 500.00		￥2 295.00

价税合计（大写）	⊗壹万伍仟柒佰玖拾伍元整	（小写）￥15 795.00

销货单位	名　　称：太原供电局	备注
	纳税人识别号：140102110013915	
	地址、电话：4078674	
	开户行及账号：工行五一广场支行 8211810	

收款人：张梅　　　复核：　　　开票人：魏红　　　销货单位：（章）

表 2-196　增值税专用发票示例 (2)

山西增值税专用发票 No

发 票 联

开票日期：2012 年 12 月 28 日

购货单位	名　　称：康达食品厂							密码区	
	纳税人识别号：160128739671011								
	地址、电话：4060386								
	开户行及账号：工行五一广场支行 278—65840235								

货物或应税劳务名称	规格型号	单位	数量	单价	金　额	税率	税　额
自来水		m³	5 060	1.50	7 590.00	6％	455.40
合　计					￥7 590.00		￥455.40

价税合计（大写）	⊗捌仟零佰肆拾伍元肆角整	（小写）￥8 045.40

销货单位	名　　称：太原市自来水公司	备注
	纳税人识别号：140103011450178	
	地址、电话：3091833	
	开户行及账号：市工行并州支行 10227841	

收款人：刘倩　　　复核：　　　开票人：张小花　　　销货单位：（章）

表 2-197　银行转账支票示例（1）

中国工商银行 （晋） 转账支票存根 Ⅷ05122205	中国工商银行转账支票 （晋） 太原　Ⅷ05122205
科　　目＿＿＿＿＿＿ 对方科目＿＿＿＿＿＿ 出票日期　年　月　日 收款人： 金　额： 用　途： 单位主管　　会计	出票日期（大写）贰零　　年　月　日　　付款行名称： 收款人　　　　　　　　　　　出票人账号： 人民币（大写）□　　　　千百十万千百十元角分 票付款期十天 用　途＿＿＿＿＿　　科　目（借）＿＿＿＿ 上列款项请从　　　　对方科目（贷）＿＿＿＿ 我账户内支付　　　　转账日期　年　月　日 出票人签章　　　复　核　　记账

表 2-198　银行转账支票示例（2）

中国工商银行 （晋） 转账支票存根 Ⅷ0512206	中国工商银行转账支票 （晋） 太原　Ⅷ05122206
科　　目＿＿＿＿＿＿ 对方科目＿＿＿＿＿＿ 出票日期　年　月　日 收款人： 金　额： 用　途： 单位主管　　会计	出票日期（大写）贰零　　年　月　日　　付款行名称： 收款人　　　　　　　　　　　出票人账号： 人民币（大写）□　　　　千百十万千百十元角分 票付款期十天 用　途＿＿＿＿＿　　科　目（借）＿＿＿＿ 上列款项请从　　　　对方科目（贷）＿＿＿＿ 我账户内支付　　　　转账日期　年　月　日 出票人签章　　　复　核　　记账

（73）12 月 29 日，收到龙城超市的代销清单，见表 2-199 代销清单、表 2-200、表 2-201 增值税专用发票、表 2-202 商品代销手续费发票。

表 2-199　代销清单示例

龙城超市代销清单

2012 年 12 月 29 日

委托单位	商品名称	计量单位	委托销售数量	已销售数量	单价	销售金额	增值税	合　计
康达食品厂	椰蓉面包	公斤	8 000	8 000	9.50	76 000.00	12 920.00	88 920.00
	豆沙面包	公斤	9 000	8 000	9.50	76 000.00	12 920.00	88 920.00
	苏打饼干	公斤	15 000	12 000	10.00	120 000.00	20 400.00	140 400.00
	芝麻饼干	公斤	8 000	8 000	10.00	80 000.00	13 600.00	93 600.00
合计			40 000	36 000		352 000.00	59 840.00	411 840.00
手续费	（大写）叁万伍仟贰佰元整						￥35 200.00	35 200.00
实际结算金额	（大写）叁拾柒万陆仟陆佰肆拾元整						￥376 640.00	376 640.00

表 2-200　增值税专用发票示例（1）

山西增值税专用发票 No

此联不作报销、扣税凭证使用

开票日期：2012 年 12 月 29 日

购货单位	名　　　称：龙城超市 纳税人识别号：138034027349 地　址、电话：6581119 开户行及账号：工行漪汾支行				密码区			
货物或应税劳务名称	规格型号	单位	数量	单价	金额	税率	税额
椰蓉面包		公斤	8 000	9.50	76 000.00	17%	12 920.00
豆沙面包		公斤	8 000	9.50	76 000.00	17%	12 920.00
合　计					¥152 000.00		¥25 840.00
价税合计（大写）	⊗壹拾柒万柒仟捌佰肆拾元整					（小写）¥177 840.00	
销货单位	名　　　称：康达食品厂 纳税人识别号：160128739671011 地　址、电话：4060386 开户行及账号：工行五一广场支行 278—65840235				备注			

收款人：　　　　　复核：　　　　　开票人：刘勇　　　　　销货单位：（章）

第三联：记账联　销货方记账凭证

表 2-201　增值税专用发票示例（2）

山西增值税专用发票 No

此联不作报销、扣税凭证使用

开票日期：2012 年 12 月 29 日

购货单位	名　　　称：龙城超市 纳税人识别号：138034027349 地　址、电话：6581119 开户行及账号：工行漪汾支行				密码区			
货物或应税劳务名称	规格型号	单位	数量	单价	金额	税率	税额
苏打饼干		公斤	12 000	10.00	120 000.00	17%	20 400.00
芝麻饼干		公斤	8 000	10.00	80 000.00	17%	13 600.00
合　计					¥200 000.00		¥34 000.00
价税合计（大写）	⊗贰拾叁万肆仟元整					（小写）¥234 000.00	
销货单位	名　　　称：康达食品厂 纳税人识别号：160128739671011 地　址、电话：4060386 开户行及账号：工行五一广场支行 278—65840235				备注			

收款人：　　　　　复核：　　　　　开票人：刘勇　　　　　销货单位：（章）

第三联：记账联　销货方记账凭证

表 2-202 商品代销手续发票示例

山西省邮电通信业发票
发 票 联

发票代码 000000000000
发票号码 00000000

单位或个人名称：康达食品厂　　2012年12月27日

项 目	单位	数量	单价	金 额 万千百十元角分	备注
电话费				2 3 2 1 0 0	②发票联

付讫

金额合计 ×万 贰仟叁佰贰拾壹元零角零分　　￥2 3 2 1 0 0

(发款专用章)　　(此票无剪贴监赞券无效)　　兑款人：　　收款人：

剪券　　万元剪券　　2千元剪券　　32百元剪券　　2十元剪券

00000000

(74) 12 月 29 日，向银行借入长期借款，见表 2-203 银行借款凭证，借款合同略。

表 2-203 银行借款凭证示例

中国农业银行借款凭证 (晋) № 000069

2012 年 12 月 29 日

借款人	康达食品厂	贷款账号	128—430045723	存款账号		278—87169278	
借款金额	人民币(大写) 壹佰万元整					千百十万千百十元角分 ￥1 0 0 0 0 0 0 0 0	

用途	基建借款	期限	约定还款日期	2012 年 12 月 29 日
		3 年	贷款利率 10%	借款合同号码

		分次还款记录				
兹借到上列贷款，保证按规定用途使用，不作他用，到期时请凭此证收回贷款		日期	还款金额	余额	经办	复核
		年 月 日				

中国农业银行股份有限公司
太原桃园支行
2012 12 29
转讫

第三联贷方传票

银行审批意见　　　　行长　　　　信贷科长　　　　信贷员

（75）12 月 30 日，供汽车间领料，见表 2-204 材料领用单。

表 2-204　材料领用单示例

材料领用单

领用单位：**供汽车间**　　　　　　2012 年 12 月 30 日　　　　　　　　编号：

项目 用途	材料名称　**煤**		规格型号		计量单位　**吨**	
	请　领	实　发	单位计划 成　本	计　划 总成本	备　注	
锅炉用	50	50	170.00	8 500.00		
合　计	50	50		8 500.00		

主管：　　　　　审核：　　　　　　　领料：**韩君**　　　　　　发料：**秦叔权**

②此联经签收交材料核算员

（76）12 月 30 日，将 12 月 24 日收到的天龙超市交来的商业承兑汇票向银行贴现（不带追索权），见表 2-205 贴现凭证。

表 2-205　贴现凭证示例

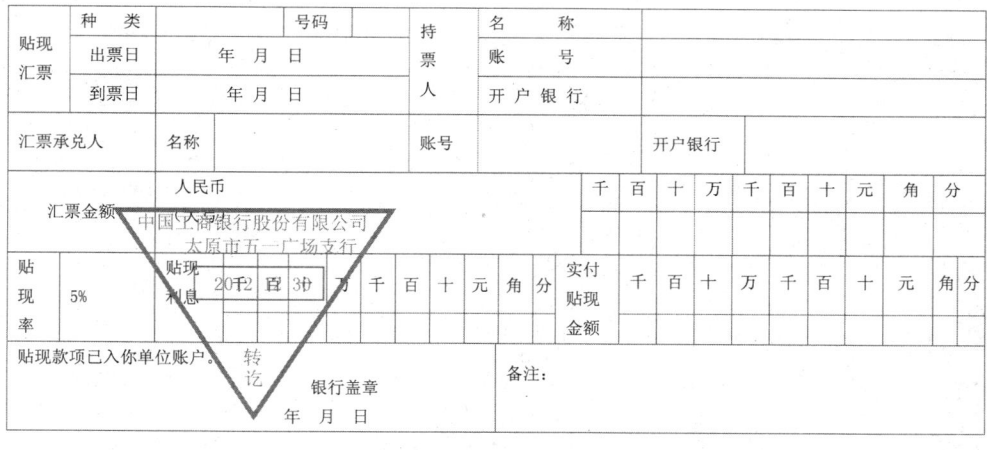

此联银行给持票人的收账通知

（77）12 月 30 日，产成品入库，见表 2-206、表 2-207 产成品入库单。

表 2-206　产成品入库单示例（1）

产 成 品 入 库 单

交库单位：面包车间　　　　　2012 年 12 月 30 日　　　　　　编号：

产品名称	型号规格	单位	交付数量	检查结果		实收数量	金　额	② 转财务科
				合格	不合格			
椰蓉面包		公斤	7 200	7 200		7 200		
豆沙面包		公斤	7 000	7 000		7 000		

车间送库盖章：李震　　　　　检验盖章：　　　　　　　仓库经收盖章：王守明

表 2-207　产成品入库单示例（2）

产 成 品 入 库 单

交库单位：饼干车间　　　　　2012 年 12 月 30 日　　　　　　编号：

产品名称	型号规格	单位	交付数量	检查结果		实收数量	金　额	② 转财务科
				合格	不合格			
苏打饼干		公斤	6 800	6 800		6 800		
芝麻饼干		公斤	8 500	8 500		8 500		

车间送库盖章：王志忠　　　　检验盖章：　　　　　　　仓库经收盖章：王守明

（78）12 月 30 日，发放非货币性福利（个人所得税的核算略）。见表 2-208、表 2-209 产成品出库单、表 2-210 福利发放汇总表、表 2-211 发放福利费用分配表。

表 2-208　产成品出库单示例

产 成 品 出 库 单

领用单位：行政科　　　　　2012 年 12 月 30 日　　　　　　编号：

产品名称	规格型号	计量单位	出库数量	备　注	第三联　交财务科
椰蓉面包		公斤	300		
豆沙面包		公斤	300		

主管：　　　　审核：　　　　保管：王守明　　　　经手人：张一清

表 2-209　产品出库单示例

产 成 品 出 库 单

领用单位：行政科　　　　　2012 年 12 月 30 日　　　　　　编号：

产品名称	规格型号	计量单位	出库数量	备　注	第三联　交财务科
苏打饼干		公斤	300		
芝麻饼干		公斤	300		

主管：　　　　审核：　　　　保管：王守明　　　　经手人：张一清

表 2-210　福利发放汇总表示例

元旦福利发放汇总表

2012 年 12 月 30 日

部门		人数	发放产品								合计（元）	签字
			椰蓉面包 计量单位:公斤 单价:9.50元		豆沙面包 计量单位:公斤 单价:9.50元		苏打饼干 计量单位:公斤 单价:10.00元		芝麻饼干 计量单位:公斤 单价:10.00元			
			数量	金额	数量	金额	数量	金额	数量	金额		
供应科		5	12.5	118.75	12.5	118.75	12.5	125	12.5	125	487.50	
生产科		8	20	190	20	190	20	200	20	200	780	
销售科		6	15	142.5	15	142.5	15	150	15	150	585	
劳资科		4	10	95	10	95	10	100	10	100	390	
行政科		10	25	237.5	25	237.5	25	250	25	250	975	
财务科		8	20	190	20	190	20	200	20	200	780	
办公室		8	20	190	20	190	20	200	20	200	780	
面包车间	生产工人	15	37.5	356.25	37.5	356.25	37.5	375	37.5	375	1462.50	
	管理人员	6	15	142.5	15	142.5	15	150	15	150	585	
饼干车间	生产工人	13	32.5	308.75	32.5	308.75	32.5	325	32.5	325	1267.50	
	管理人员	6	15	142.5	15	142.5	15	150	15	150	585	
供汽车间	生产工人	12	30	285	30	285	30	300	30	300	1170	
	管理人员	3	7.5	71.25	7.5	71.25	7.5	75	7.5	75	292.50	
修理车间	生产工人	12	30	285	30	285	30	300	30	300	1170	
	管理人员	4	10	95	10	95	10	100	10	100	390	
合　计		120	300	2850	300	2850	300	3000	300	3000	11700	

负责人：　　　　　　　　　　　制表人：

表 2-211 发放福利费用分配表示例

元旦发放福利费用分配表

2012 年 12 月 30 日

应借账户			成本项目	分配标准（　）	分配率	分配金额	
基本生产成本	面包车间	椰蓉面包					
		面沙面包					
		小计					
	饼干车间	苏打饼干					
		芝麻饼干					
		小计					
制造费用	面包车间						
	饼干车间						
	小计						
辅助生产成本	机修车间						
	供汽车间						
	小计						
管理费用							
合计							

负责人： 制表人：

（79）12 月 30 日，从银行提取现金并发放职工生活困难补助，见表 2-212 困难补助发放表、表 2-213 困难补助分配表、表 2-214 中国工商银行现金支票。

表 2-212 困难补助发放表示例

困难补助发放表

2012 年 12 月 31 日

部　门		金　额（元）	签　字
行政科		300	
面包车间生产工人		600	
饼干车间	生产工人	600	
	管理人员	300	
供汽车间	生产工人	300	
	管理人员	300	
机修车间	生产工人	600	
合　计		3 000	

表 2-213　困难补助分配表示例

困难补助分配表

2012 年 12 月 13 日

应借账户			成本项目	分配标准 （　）	分配率	分配金额	
基本生产成本	面包车间	椰蓉面包					
		豆沙面包					
		小计					
	饼干车间	苏打饼干					
		芝麻饼干					
		小计					
制造费用	饼干车间						
辅助生产成本	机修车间						
	供汽车间						
	小计						
管理费用							
合计							

负责人：　　　　　　　　　制表人：

表 2-214　中国工商银行现金支票示例

（80）12 月 31 日，收到债券款，并支付辅助费用，见表 2-215、表 2-216 中国工商银行特种转账凭证。

表 2-215　中国工商银行现金支票背面示例

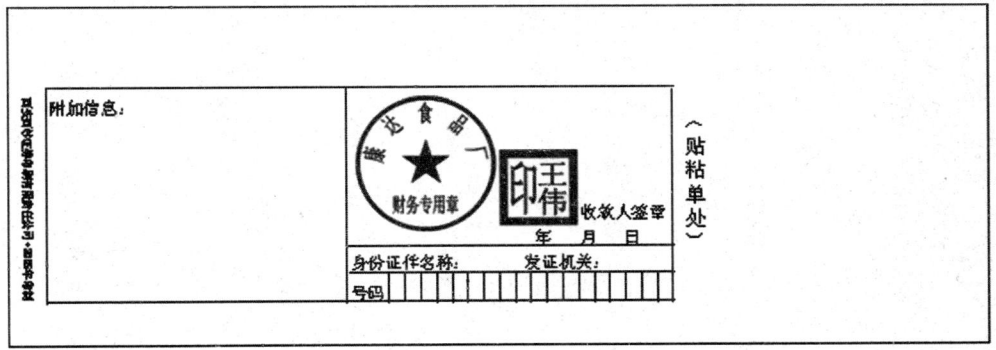

表 2-216　中国工商银行特种转账凭证示例

中国工商银行特种转账借方凭证

2012 年 12 月 30 日　　　　　　　　　　凭证编号

付款人	全　　称	××证券公司		收款人	全　　称	康达食品厂												
	账　　号	（略）			账号住址	278—65840235												
	开户银行	（略）	行号		开户银行	工行五一广场支行	行号											
金　　额	人民币（大写）：	壹佰万元整					亿	千	百	十	万	千	百	十	元	角	分	
							¥	1	0	0	0	0	0	0	0	0	0	
原凭证金额		赔偿金		科　目（贷）：_____														
原凭证名称		号　码		对方科目（借）：_____														
				事后监督														
转账原因		银行盖章		复核　　　　记账														

代贷方凭证或收款通知　附件　张

（81）12 月 31 日，摊销应由本年度负担的无形资产，见表 2-217 无形资产摊销计算表。

表 2-217　无形资产摊销计算表示例

无形资产摊销计算表

2012 年 12 月 31 日

种　　类	预计使用年限	原始成本	年摊销额
专利权	15 年	150 000.00	10 000.00
土地使用权	34 年	1 700 000.00	50 000.00
合　　计		1 850 000.00	60 000.00

审核人：罗雪　　　　制表人：郭红霞

（82）12 月 31 日，企业直接捐赠某小学银行存款 8 000 元，见表 2-218 中国工商银行转账支票。

表 2-218　中国工商银行转账支票示例

中国工商银行 转账支票存根 （晋） Ⅷ05122107	中国工商银行转账支票（晋）太原　Ⅷ05122107
科　　目 _____ 对方科目 _____ 出票日期　年　月　日	出票日期（大写）贰零　　年　月　日　　付款行名称： 收款人　　　　　　　　　　　　　　出票人账号：

票
付
款
期
十
天

人民币（大写）

千	百	十	万	千	百	十	元	角	分

用　途 _____　　科　目（借）...........
上列款项请从　　　　对方科目（贷）...........
我账户内支付　　　　转账日期　年　月　日
出票人签章：　　　　复核　　　记账

收款人：
金　额：
用　途：

单位主管　会计

（83）计提并支付长期借款利息，见表 2-219 银行计收利息清单。

表 2-219　银行计收利息清单示例

③ **中国农业银行计收利息清单（支款通知）**

2012 年 12 月 31 日

户　　名	康达食品厂				账号	278—87169278
计息起止时间	2012 年 10 月 1 日至 2012 年 12 月 31 日					
	贷款账号	计息日贷款余额	计息积数	利率	计收利息金额	左列贷款利息业已从你单位账户扣付逾期罚息 30%
贷款种类	125—830081696	（略）	（略）	（略）	5 152.00	
						转账日期： 20C　年　月　日

利息金额
人民币
（大写）　伍仟壹佰伍拾贰元整

十	万	千	百	十	元	角	分
	¥	5	1	5	2	0	0

单位主管　　　会计　　　复核　　　记账

（84）12 月 31 日，计提持有至到期投资利息，见表 2-220 持有至到期投资利息计提表。（该投资为 2012 年初购入太原市华伟公司债券，债券面值 50 000 元，票面利率 4%，支付的价款含交易费用计 51 467 元，该债券尚有三年到期，准备持有至到期。债券利息按年支付，付息日为每年的 1 月 1 日，本金到期一次支付，实际利率为 3%，按实际利率法计提利息。）

表 2-220　持有至到期投资利息计提表示例

持有至到期投资利息计提表

2012 年 12 月 31 日　　　　　　　　　　　　　　　　　单位：元

年份	期初摊余成本	实际利息 （按 3%计算）	应收利息	期末摊余成本

（85）12 月 31 日，计提坏账准备，见表 2-221 应收款项账龄分析表、表 2-222 坏账准备计提表。

表 2-221　应收款项账龄分析表示例

应收款项账龄分析表

2012 年 12 月 31 日

应收款项顾客名称	账面余额	未到期	拖欠情况（年）				
			0～1	1～2	2～3	3 年以上	破产或追诉中
应收账款顾客名称							
中兴副食品商场	62 874			62 874			
郑州德化副食品大楼	177 840	177 840					
龙城超市	376 640	376 640					
合计	617 354						
应收票据顾客名称							
山东太平商厦	15 000	15 000					
合计	15 000						
预付账款顾客名称							
雅苑果脯食品厂	20 000	20 000					
合计	20 000						
其他应收款顾客名称							
河北省联运总公司	1 017	1 017					
合计	1 017						
应收利息顾客名称							
太原市华伟公司	2 000	2 000					
合计	2 000						

表 2-222　坏账准备计提表示例

坏账准备计提表

2012 年 12 月 31 日

拖欠情况	应收账款					应收票据					预付账款					其他应收款					应收利息				
	金额	估计坏账损失率	坏账准备账户现有余额（贷方/借方）	本期应提金额（贷方/借方）		金额	估计坏账损失率	坏账准备账户现有余额（贷方/借方）	本期应提金额（贷方/借方）		金额	估计坏账损失率	坏账准备账户现有余额（贷方/借方）	本期应提金额（贷方/借方）		金额	估计坏账损失率	坏账准备账户现有余额（贷方/借方）	本期应提金额（贷方/借方）		估计坏账损失率	坏账准备账户现有余额（贷方/借方）	本期应提金额（贷方/借方）		
未到期																									
过期 0~1 年																									
过期 2~3 年																									
过期 3 年以上																									
破产或追诉中																									
合计																									

（86）12 月 31 日，交易性金融资产（马钢股份）的公允价值为 52 000 元，见表 2-223交易性金融资产公允价值变动计算表。

表 2-223　交易性金融资产公允价值变动计算表示例

交易性金融资产公允价值变动计算表

2012 年 12 月 31 日

项目	账面余额	公允价值	公允价值变动损益
交易性金融资产 股票：马钢股份		52 000	
合 计			

（87）12 月 31 日，计提固定资产减值准备，见表 2-224 固定资产减值准备计提表。

表 2-224　固定资产减值准备计提表示例

固定资产减值准备计提表

2012 年 12 月 31 日

项　　目	数量	账面价值	可收回金额	应提减值准备
桑塔纳小汽车	1	60 000.00	57 000.00	
东风牌工具车	1	20 000.00	19 500.00	
合　计		80 000.00	76 500.00	

（88）12 月 31 日，将未收到结算凭证的入库材料估价入账，汇总收入材料，结转入库材料成本差异，见表 2-225 原材料收料凭证汇总表。

表 2-225　原材料收料凭证汇总表示例

原材料收料凭证汇总表

20　　年　　月　　日

材料类别	材料名称	计划成本	实际成本	材料成本差异
合　　计				

（89）年末盘点存货并转销存货的盘盈盘亏，盘盈的面粉重置成本为每千克 2.10 元。见表 2-226 存货盘点盈亏报告表、表 2-227 收据。

表 2-226　存货盘点盈亏报告表示例

存货盘点盈亏报告表

单位名称：　　　　　　　　　2012 年 12 月 31 日

编号	类别及名称	计量单位	单价	实 存		账 存		对比结果				备 注
								盘 盈		盘 亏		
				数量	金额	数量	金额	数量	金额	数量	金额	
1	面粉	公斤	2.10	59 500	124 950.00	59 000	123 900.00	500	1 050.00			系收发计量错误所致
2	鸡蛋	公斤	4.80	900	4 320	1 000	4 800			100	480.00	系管理不善造成，保管员赔偿 100 元

表 2-227　收据示例

收　据

2012 年 12 月 31 日　　　　　　　　第＿＿＿号

今收到＿＿＿＿＿＿＿＿＿＿＿＿＿＿＿＿＿＿＿＿＿＿＿＿＿	
交　来＿＿＿＿＿＿＿＿＿＿＿＿＿＿＿＿＿＿＿＿＿＿＿＿＿	
人民币（大写）＿＿＿＿＿＿＿＿＿＿＿＿＿＿＿＿＿＿ ￥＿＿＿＿	
单位印章　　会计主管　　　收款人　　　经手人	

（90）月终，各生产车间进行结余材料盘点，见表 2-228 面包车间 11 月末材料盘存单，该车间 12 月末无结余材料；表 2-229 饼干车间 12 月末材料盘存单。

表 2-228　面包车间 11 月末材料盘存单示例

生产车间月末材料盘存单 （代领料凭证）

车间：面包车间　　　　　2012 年 11 月 30 日　　　　　　　第二联

材料名称	规格型号	计量单位	盘点数量	计划单价	计划成本	备 注
面粉		公斤	5 000	2.10	10 500.00	椰蓉面包用
面粉		公斤	4 000	2.10	8 400.00	豆沙面包用
香精		公斤	100	40.00	4 000.00	
添加剂		公斤	140	58.00	8 120.00	
合　计					31 020.00	

主管：　　　　　审核：　　　　　保管：秦叔权　　　　　盘点：李震

表 2-229　饼干车间 12 月末材料盘存单示例

生产车间月末材料盘存单（代退料凭证）

车间：饼干车间　　　　　　　　　2012 年 12 月 31 日　　　　　　　　　第一联

材料名称	规格型号	计量单位	盘点数量	计划单价	计划成本	备注
植物油		公斤	100	10.00	1 000.00	
精碘盐		公斤	250	1.50	375.00	
香精		公斤	100	40.00	4 000.00	
添加剂		公斤	150	58.00	8 700.00	
合　计					14 075.00	

主管：　　　　　　审核：　　　　　　保管：秦叔权　　　　　　盘点：王志忠

　　（91）12 月 31 日，汇总当月发出材料，进行材料费用分配，见表 2-230 发料凭证汇总表，表 2-231 生产车间原材料费用分配表，表 2-232 包装物费用分配表。

表 2-230　发料凭证汇总表示例

发 料 凭 证 汇 总 表

年　　月

应贷科目＼应借科目		基本生产成本		制造费用		辅助生产成本		管理费用	合　计
		面包车间	饼干车间	面包车间	饼干车间	机修车间	供汽车间		
原材料	原料及主要材料								
	辅助材料								
	备品备件								
	燃　料								
	计划成本小计								
	成本差异（差异率）/%								
	实际成本小计								
低值易耗品									
包　装　物									
合　计									

审核：　　　　　　　　制表：

表 2-231　生产车间原材料费用分配表示例

生产车间原材料费用分配表

年　　月

| 车间 | 产品名称 | 成本项目 | 间接计入 | | | 直接计入 | 计划成本合计 | 成本差异（差异率）/% | 实际成本合计 |
			分配标准	分配率	分配金额				
面包车间	椰蓉面包								
	豆沙面包								
	小计								
饼干车间	苏打饼干								
	芝麻饼干								
	小计								
合　计									

审核：　　　　　　　　　　　　制表：

表 2-232　包装物费用分配表示例

包装物费用分配表

年　　月

应 借 账 户			单 价	金 额
基本生产成本	面包车间	椰蓉面包		
		豆沙面包		
		小　计		
	饼干车间	苏打饼干		
		芝麻饼干		
		小　计		
合　计				

审核：　　　　　　　　　　　　制表：

　（92）12 月 31 日，编制工资费用分配表，见表 2-233 工资费用分配表。

表 2-233　工资费用分配表示例

工资费用分配表

年　月

应借账户			成本项目 （费用项目）	分配标准 （产　量）	分配率	分配金额
基本生产成本	面包车间	椰蓉面包				
		豆沙面包				
		小　计				
	饼干车间	苏打饼干				
		芝麻饼干				
		小　计				
制造费用	面包车间					
	饼干车间					
	小计					
辅助生产成本	机修车间					
	供汽车间					
	小　计					
管 理 费 用						
合　　　计						

审核：　　　　　　　　　　　制表：

　　（93）12 月 31 日，计提社会保险费和住房公积金，见表 2-234 社会保险费计提表、表 2-235 住房公积金计提表。

表 2-234　社会保险费计提表示例

社会保险费计提表

2012 年 12 月

应借账户			成本项目	分配标准 （　　）	分配率	计提金额					
						养老保险	医疗保险	失业保险	工伤保险	生育保险	合计
基本生产成本	面包车间	椰蓉面包									
		面沙面包									
		小计									
	饼干车间	苏打饼干									
		芝麻饼干									
		小计									
制造费用	面包车间										
	饼干车间										
	小计										
辅助生产成本	机修车间										
	供汽车间										
	小计										
管理费用											
合计											

表 2-235　住房公积金计提表示例

住房公积金计提表

2012 年 12 月

应 借 账 户			成本项目	分配标准 （　　　）	分配率	计提金额
基本生产成本	面包车间	椰蓉面包				
		豆沙面包				
		小　计				
	饼干车间	苏打饼干				
		芝麻饼干				
		小　计				
制造费用	面包车间					
	饼干车间					
	小计					
辅助生产成本	机修车间					
	供汽车间					
	小　计					
管 理 费 用						
合　　计						

（94）12 月 31 日，计提工会经费和职工教育经费，见表 2-236 工会经费及职工教育经费计提表。

表 2-236　工会经费及职工教育经费计提表示例

工会经费及职工教育经费计提表

2012 年 12 月

应借账户			成本项目	分配标准 （　　）	分配率	工会经费		职工教育经费		合计
						计提比例	金额	计提比例	金额	
基本生产成本	面包车间	椰蓉面包								
		面沙面包								
		小计								
	饼干车间	苏打饼干								
		芝麻饼干								
		小计								
制造费用	面包车间									
	饼干车间									
	小计									
辅助生产成本	机修车间									
	供汽车间									
	小计									
管理费用										
合计										

（95）12 月 31 日，分配外购水电费，见表 2-237 外购水费分配表，见表 2-238 外购电费分配表。

表 2-237　外购水费分配表示例

外购水费分配表

年　　月

应借账户			成本项目 （费用项目）	分配 标准	分配率	耗用数 量/米³	单价	金额
基本生产成本	面包车间	椰蓉面包						
		豆沙面包						
		小　计				1 930		
	饼干车间	苏打饼干						
		芝麻饼干						
		小　计				1 030		
	合　计					2 960		
制造费用	面包车间					500		
	饼干车间					500		
	合　计					1 000		
辅助生产成本	机修车间					200		
	供汽车间					600		
	合　计					800		
管理费用						300		
合　计						5 060		

审核：　　　　　　　　　制表：

表 2-238　外购电费分配表示例

外购电费分配表

年　　月

应借账户			成本项目 （费用项目）	分配 标准	分配率	耗用 数量 /度	单位 电价	金额
基本生产成本	面包车间	椰蓉面包						
		豆沙面包						
		小　计				12 000		
	饼干车间	苏打饼干						
		芝麻饼干						
		小　计				9 000		
	合　计					21 000		

续表

	应 借 账 户	成本项目 （费用项目）	分配 标准	分配率	耗用 数量 /度	单位 电价	金额
制造 费用	面包车间				1 000		
	饼干车间				1 000		
	合　　计				2 000		
辅助 生产 成本	机修车间				1 500		
	供汽车间				1 500		
	合　　计				3 000		
管理费用			.		1 000		
合　　计					27 000		

审核：　　　　　　　　　　　制表：

（96）12 月 31 日，计算固定资产折旧，见表 2-239 固定资产折旧计算表。

表 2-239　固定资产折旧计算表示例

固定资产折旧计算表

2012 年 12 月　　　　　　　　　　　　　　计量单位：元

使用单位和 固定资产类别		原　值	年折 旧率	上　　月 已　提 折旧额	上月增加 固定资产 的原值	上月减少 固定资产 的原值	本月应计 提折旧额
面包 车间	厂　房	250 000	3%	625			
	设　备	1 000 000	6%	4 000	200 000		
	合　计	1 250 000					
饼 干 车 间	厂　房	340 000	3%	850			
	设　备	820 000	6%	3 000	220 000		
	合　计	1 160 000					

续表

使用单位和 固定资产类别		原　值	年折 旧率	上　月 已　提 折旧额	上月增加 固定资产 的原值	上月减少 固定资产 的原值	本月应计 提折旧额
供汽车间	厂　房	220 000	3%	550			
	设　备	180 000	6%	900			
	合　计	400 000					
机修车间	厂　房	230 000	3%	575			
	设　备	84 000	6%	420			
	合　计	314 000					
管理部门	房　屋	2 280 000	3%	4 500	480 000		
	运输设备	718 750	8%	2 685	436 000	120 000	
	管理设备	200 000	12%	2 000			
	合　计	3 198 750					
出租固定资产	运输设备	300 000	8%	2 000			
	合　计	300 000					

　　(97) 12 月 31 日，分配辅助生产费用，见表 2-240 辅助生产费用表、表 2-241 辅助生产费用分配表，计算结果保留两位小数。

表 2-240　辅助生产费用表示例

辅助生产费用表

2012 年 12 月 31 日

机修车间提供劳务数量为 2 500 个工时	供汽车间提供劳务数量为 40 000 米^3
其中：面包车间　1 200 工时	其中：面包车间　20 000 米^3
饼干车间　700 工时	饼干车间　10 000 米^3
供汽车间　100 工时	机修车间　2 000 米^3
管理部门　500 工时	管理部门　8 000 米^3

表 2-241　辅助生产费用分配表示例

辅助生产费用分配表

2012 年 12 月 31 日

	分配费用	分配数量	分配率	分　配　额									
				辅助生产成本				制造费用				管理费用	
				供汽车间		机修车间		面包车间		饼干车间			
				数量	金额	数量	金额	数量	金额	数量	金额	数量	金额
交互分配													
机修车间													
供汽车间													
小计													
对外分配													
机修车间													
供汽车间													
小计													
合计													

审核：　　　　　　　　制表：

　　（98）12 月 31 日，根据产品产量分配制造费用，见表 2-242、表 2-243 制造费用分配表。

表 2-242　制造费用分配表示例（1）

制造费用分配表

车间：　　　　　　　　年　月　日

分配对象（产品名称）	分配标准	分配率	分配金额
合　计			

审核：　　　　　　　　制表：

表 2-243　制造费用分配表示例（2）

制造费用分配表

车间：　　　　　　　　　　　　　　　年　　月　　日

分配对象 （产品名称）	分配标准	分配率	分配金额
合　　计			

审核：　　　　　　　　　制表：

（99）12 月 31 日，计算产品成本，见表 2-244～表 2-247 产品成本计算单。

表 2-244　产品成本计算单示例（1）

产品成本计算单

车间：

产品名称：　　　　　　　　　　年　　月　　日　　　　　　产量：

成本项目	期初在产 品成本	本月发 生费用	生产费 用合计	完工产品 总成本	单位成本	期末在 产品成本
直接材料						
直接人工						
制造费用						
合　　计						

复核：　　　　　　　　　制单：

表 2-245　产品成本计算单示例（2）

产品成本计算单

车间：

产品名称：　　　　　　　　　　年　　月　　日　　　　　　产量：

成本项目	期初在产 品成本	本月发 生费用	生产费 用合计	完工产品 总成本	单位成本	期末在 产品成本
直接材料						
直接人工						
制造费用						
合　　计						

复核：　　　　　　　　　制单：

表 2-246　产品成本计算单示例（3）

产品成本计算单

车间：

产品名称：　　　　　　　　　　　年　　月　　日　　　　　　　　　产量：

成本项目	期初在产品成本	本月发生费用	生产费用合计	完工产品总成本	单位成本	期末在产品成本
直接材料						
直接人工						
制造费用						
合　计						

复核：　　　　　　　　　制单：

表 2-247　产品成本计算单示例（4）

产品成本计算单

车间：

产品名称：　　　　　　　　　　　年　　月　　日　　　　　　　　　产量：

成本项目	期初在产品成本	本月发生费用	生产费用合计	完工产品总成本	单位成本	期末在产品成本
直接材料						
直接人工						
制造费用						
合　计						

复核：　　　　　　　　　制单：

（100）12 月 31 日，计算并结转本月已销产品成本，见表 2-248 销售成本计算表、表 2-249 委托代销发出商品成本计算表、表 2-250 委托代销商品销售成本计算表、表 2-251 非货币性资产交换发出商品成本计算表、表 2-252 非货币性福利发出商品成本计算表。

表 2-248　销售成本计算表示例

销售成本计算表

年　　月　　日

产品名称	销售数量	单位生产成本	生产成本总额
合　计			

复核：　　　　　　　　　制表：

表 2-249　委托代销发出商品成本计算表示例

委托代销发出商品成本计算表

年　　月　　日

产 品 名 称	发 出 数 量	单位生产成本	生产成本总额
合　　计			

复核：　　　　　　　　　　　　　制表：

表 2-250　委托代销商品销售成本计算表示例

委托代销商品销售成本计算表

年　　月　　日

产 品 名 称	销 售 数 量	单位生产成本	生产成本总额
合　　计			

复核：　　　　　　　　　　　　　制表：

表 2-251　非货币性资产交换发出商品成本计算表示例

非货币性资产交换发出商品成本计算表

年　　月　　日

产 品 名 称	销 售 数 量	单位生产成本	生产成本总额
合　　计			

复核：　　　　　　　　　　　　　制表：

表 2-252　非货币性福利发出商品成本计算表示例

非货币性福利发出商品成本计算表

年　　月　　日

产 品 名 称	发 出 数 量	单位生产成本	生产成本总额
合　计			

复核：　　　　　　　制表：

（101）12 月 31 日，计算当月应纳增值税额，见表 2-253 增值税纳税申报表。

表 2-253　增值税纳税申报表示例

增值税纳税申报表

（适用于增值税一般纳税人）

根据《中华人民共和国增值税暂行条例》第二十二条和第二十三条的规定制定本表。纳税人不论有无销售额，均应按主管税务机关核定的纳税期限按期填报本表，并于次月一日起十日内，向当地税务机关申报。

税款所属时间：自　年　月　日至　年　月　日　　填表日期：　年　月　日

金额单位：元至角分

纳税人识别号：□□□□□□□□□□□□□□□　　　　所属行业：

纳税人名称		（公章）法定代表人姓名		注册地址		营业地址	
开户银行及账号		企业登记注册类型				电话号码	
项　　　目		栏　次	一般货物及劳务		即征即退货物及劳务	
			本月数	本年累计	本月数	本年累计
销售额	（一）按适用税率征税货物及劳务销售额	1				
	其中：应税货物销售额	2				
	应税劳务销售额	3				
	纳税检查调整的销售额	4				
	（二）按简易征收办法征税货物销售额	5				
	其中：纳税检查调整的销售额	6				
	（三）免、抵、退办法出口货物销售额	7				
	（四）免税货物及劳务销售额	8				
	其中：免税货物销售额	9				
	免税劳务销售额	10				

续表

纳税人名称		（公章)法定代表人姓名		注册地址		营业地址	
开户银行及账号			企业登记注册类型			电话号码	

	项　目	栏　次	一般货物及劳务		即征即退货物及劳务	
			本 月 数	本年累计	本 月 数	本年累计
税款计算	销项税额	11				
	进项税额	12				
	上期留抵税额	13				
	进项税额转出	14				
	免抵退货物应退税额	15				
	按适用税率计算的纳税检查应补缴税额	16				
	应抵扣税额合计	17＝12＋13－14 －15＋16				
	实际抵扣税额	18(如 17＜11,则 为 17,否则为 11)				
	应纳税额	19＝11－18				
	期末留抵税额	20＝17－18				
	简易征收办法计算的应纳税额	21				
	按简易征收办法计算的纳税检查应补缴税额	22				
	应纳税额减征额	23				
	应纳税额合计	24＝19＋21－23				
税款缴纳	期初未缴税额（多缴为负数）	25				
	实收出口开具专用缴款书退税额	26				
	本期已缴税额	27＝28＋29 ＋30＋31				
	①分次预缴税额	28				
	②出口开具专用缴款书预缴税额	29				
	③本期缴纳上期应纳税额	30				
	④本期缴纳欠缴税额	31				
	期末未缴税额（多缴为负数）	32＝24＋25 ＋26－27				
	其中：欠缴税额（≥0)	33＝25＋26－27				
	本期应补（退）税额	34＝24－28－29				
	即征即退实际退税额	35				
	期初未缴查补税额	36				
	本期入库查补税额	37				
	期末未缴查补税额	38＝16＋22 ＋36－37				

授权声明	如果你已委托代理人申报，请填写下列资料： 为代理一切税务事宜，现授权 （地址）　　　　　　　　　　为本纳税人的 代理申报人，任何与本申报表有关的往来文件， 都可寄予此人。 　　　　　　　　授权人签字：	申报人声明	此纳税申报表是根据《中华人民共和国增值税暂行条例》的规定填报的，我相信它是真实的、可靠的、完整的。 　　　　　　　　声明人签字：

以下由税务机关填写：

收到日期：　　　　　　接收人：　　　　　　主管税务机关盖章：

（102）12 月 31 日，计提当月应缴城市维护建设税，见表 2-254 城建税纳税申报表。

表 2-254　城建税纳税申报表示例

城市维护建设税纳税申报表

填表日期：　　　年　月　日

纳税人识别号：□□□□□□□□□□□□□□□　　　　金额单位：元（列至角分）

纳税人名称				税款所属时期	
计税依据	计税金额	税率	应纳税额	已纳税额	应补（退）税额
1	2	3	4＝2×3	5	6＝4－5
增值税					
营业税					
消费税					
合　计					

如纳税人填报，由纳税人填写以下各栏		如委托代理人填报，由代理人填写以下各栏			备　注
会计主管 （签章）	纳税人 （公章）	代理人名称		代理人 （公章）	
		代理人地址			
		经办人		电话	
以下由税务机关填写					
收到申报表日期			接收人		

（103）12 月 31 日，计提教育费附加，见表 2-255 教育费附加申报表。

表 2-255　教育费附加申报表示例

教 育 费 附 加 申 报 表

教育费附加款所属时期　　年　月　日至　年　月　日

纳税人编码：　　　　　　　　　　　　　　　　　　　　　　　　　　金额单位：人民币元

交费单位		经济性质		地址		电话	

申 报 情 况							

税种名称	计费金额	附加率（%）	应交教育费附加款 百 十 万 千 百 十 元 角 分	税 务 机 关 审 核 意 见
合　计				

滞纳天数	滞纳金额		缴款号码		缴款日期　　月　　日前

说　明
1. 税种名称：按不同税种，分别填列（消费税、增值税、营业税）。
2. 计费金额：分别填写实际缴纳的消费税、增值税、营业税。
3. 附加率：教育费附加率为 3%。

交款单位（盖章）　　　　负责人：　　　交费承办人：　　　　　　　申报日期　　年　　月　　日

纳税人填写	管理分局	管理科	专管员	

（104）飞天有限责任公司 2012 年全年实现净利润 30 万元，依权益法确认长期股权投资收益。（系 2012 年 1 月 5 日对飞天有限责任公司进行的股权投资，拥有其 20% 的表决权资本，具有重大影响，投资时飞天有限责任公司可辨认净资产公允价值等于账面价值，其所得税税率为 25%）。

（105）结转当月损益。

（106）12 月 31 日，计算全年应交所得税额，并结转本年利润，见表 2-256 企业所得税纳税申报表、表 2-257 2012 年年初至 11 月末利润状况表，以前年度亏损已超过 5 年。

注：2012 年末，"坏账准备——应收账款"账户余额为 1 925 元；"坏账准备——其他应收款"账户余额为 300 元；"坏账准备——应收票据"账户余额为 850 元。

表 2-256　企业所得税年度纳税申报表示例

企业所得税年度纳税申报表

税款所属期间：　　　年　月　日至　年　月　日

纳税人名称：

金额单位：元（列至角分）

纳税人识别号：

类别	行次	项目	金额
利润总额计算	1	一、营业收入（填附表一）	
	2	减：营业成本（填附表二）	
	3	营业税金及附加	
	4	管理费用（填附表二）	
	5	财务费用（填附表二）	
	6	销售费用（填附表二）	
	7	资产减值损失	
	8	加：公允价值变动收益	
	9	投资收益	
	10	二、营业利润	
	11	加：营业外收入（填附表一）	
	12	减：营业外支出（填附表二）	
	13	三、利润总额	
应纳税所得额计算	14	加：纳税调整增加额（填附表三）	
	15	减：纳税调整减少额（填附表三）	
	16	其中：不征税收入	
	17	免税收入	
	18	减计收入	
	19	减、免税项目所得	
	20	加计扣除	
	21	抵扣应纳税所得额	
	22	加：境外应税所得弥补境内亏损	
	23	纳税调整后所得（13＋14－15＋22）	
	24	减：弥补以前年度亏损（填附表四）	
	25	应纳税所得额（23－24）	

续表

类别	行次	项目	金额
应纳税额计算	26	税率（25%）	
	27	应纳所得税额（25×26）	
	28	减：减免所得税额（填附表五）	
	29	减：抵免所得税额（填附表五）	
	30	应纳税额（27－28－29）	
	31	加：境外所得应纳所得税额（填附表六）	
	32	减：境外所得抵免所得税额（填附表六）	
	33	实际应纳所得税额（30＋31－32）	
	34	减：本年累计实际已预缴的所得税额	
	35	其中：汇总纳税的总机构分摊预缴的税额	
	36	汇总纳税的总机构财政调库预缴的税额	
	37	汇总纳税的总机构所属分支机构分摊的预缴税额	
	38	合并纳税（母子体制）成员企业就地预缴比例	
	39	合并纳税企业就地预缴的所得税额	
	40	本年应补（退）的所得税额（33－34）	
附列资料	41	以前年度多缴的所得税额在本年抵减额	
	42	以前年度应缴未缴在本年入库所得税额	

表 2-257 利润状况示例

年初至 11 月末利润状况

单位：元

项　目	本年累计数
一、营业收入	9 420 000
减：营业成本	5 557 870
营业税金及附加	15 110
销售费用	102 600
管理费用	2 572 580
财务费用	131 060
资产减值损失	
加：公允价值变动收益（损失以"一"号填列）	
投资收益（损失以"一"号填列）	
其中：对联营企业和合营企业的投资收益	
二、营业利润（亏损以"一"号填列）	1 040 780
加：营业外收入	20 000
减：营业外支出	3 910
其中：非流动资产处置损失	
三、利润总额（亏损总额以"一"号填列）	1 056 870
减：所得税费用	
四、净利润（净亏损以"一"号填列）	1 056 870

（107）分配当年利润，见表 2-258 法定盈余公积金计提表、表 2-259 应付股利计算表。

表 2-258 法定盈余公积金计提表示例

法定盈余公积金计提表

年　　度

税前利润总　额	可调整额	应纳所得税额	应扣除额	计提基数	法定盈余公积金	
					计提比例	计提额
1	2	3	4	5	6	7

主管：　　　　记账：　　　　审核：　　　　制表：

表 2-259　应付股利计算表示例

应付股利计算表

年　度

上年未分配利润	本年可分配利润	可分配利润合计	分配比例	应付股利总额
应付股利详细情况				
投　资　者			出资比例	应得利润

主管：　　　　　记账：　　　　　审核：　　　　　制表：

（108）结转利润分配。

（109）编制银行存款余额调节表，见表 2-260 银行对账单、表 2-261 银企余额对账单、表 2-262 银行存款余额调节表。

表 2-260　银行对账单示例

中国工商银行山西省分行（营业部广场支行）对账单

户名康达食品厂　　　　　　　　　　　　　　　　　　　第　　号

账号 278—65840235　　　　　　　　　　　　　　　　　页码：1

日　期	交易类型	操作员号	凭证员	借　方	贷　方	余　额
						631 720.62
2012.12.1	（略）	（略）	（略）		126 480.00	
2012.12.3					19 500.00	
2012.12.5				18 720.00		
2012.12.6				2 000.00		
2012.12.6				5.88	30 000.00	
2012.12.7				15 000.00		
2012.12.8				11 700.00		
2012.12.8				97 860.00	20 000.00	
2012.12.8				240.00		
2012.12.8				71 280.00		
2012.12.9				21 840.00		
2012.12.10				4 880.00		

续表

日　期	交易类型	操作员号	凭证员	借　方	贷　方	余　额
2012.12.10					218.00	
2012.12.10				1 500.00		
2012.12.10					100 000.00	
2012.12.10				14 955.00		
2012.12.11				50 000.00		
2012.12.11					11 000.00	
2012.12.14				4 800.00		
2012.12.17				2 200.00		
2012.12.17				15 210.00		
2012.12.18				58 500.00		
2012.12.19				1 800.00		
2012.12.19					4 120.78	
2012.12.20				137 428.00		
2012.12.20				2 600.64		
2012.12.23				3 730.00		
2012.12.24					63 520.00	
2012.12.24					69 000.00	
2012.12.25					119 200.00	
2012.12.26				1 212.00		
2012.12.26					3 372.00	
2012.12.27				2 321.00		
2012.12.28				18.00		
2012.12.28					58 000.00	
2012.12.29					62 978.00	
2012.12.29				6 000.00		
2012.12.29					1 000 000.00	
2012.12.30				3 000.00	224 910.07	
2012.12.30					988 000.00	
2012.12.30				30 050.00		
2012.12.31				5 152.00		2 948 016.95

表 2-261　银企余额对账单示例

中国工商银行银企余额对账单（通知联）

网点号：　　　　　　　　　　2012 年 12 月 31 日　　　　币种：人民币（本位币单位：元）

户名	康达食品厂		
账号	278—65840235	科目代号	

　　你户至 2012 年 12 月 31 日止存/贷余额为 2 948 016.95，是否相符，请在 30 天内核对后，将此单或填写"对账单未达清单"送交我行，如逾期未送交，即为认定余额数。

单位核对签章 　　　　　年　月　日 　　　　　经办	工行五一广场支行 　公　章 　　2012 年 12 月 31 日 　（业务公章）　　　经办：

银行章：

表 2-262　银行存款余额调节表示例

银行存款余额调节表

年　　月　　日

项　　　目	金　　额	项　　　目	金　　额
银行对账单上的存款余额		企业账面上的存款余额	
调节后的存款余额		调节后的存款余额	

2.3　康达食品厂编制会计报表的有关资料

（1）编制康达食品厂 2012 年 12 月 31 日"资产负债表"。年初有关资料如表 2-263 所列。

表 2-263　资产负债表示例

资 产 负 债 表

会企 01 表

编制单位：康达食品厂　　　　　　2012 年 12 月 31 日　　　　　　单位：元

资　产	期末余额	年初余额	负债和所有者权益（或股东权益）	期末余额	年初余额
流动资产：			流动负债：		
货币资金	610 096.62		短期借款	100 000	
交易性金融资产			交易性金融负债		
应收票据	25 000		应付票据	35 480	
应收账款	283 575		应付账款	251 860	
预付款项			预收款项		
应收利息			应付职工薪酬	20 000	
应收股利			应交税费	55 500	
其他应收款	4 500		应付利息	8 500	
存货	979 610		应付股利		
一年内到期的非流动资产			其他应付款	600	
其他流动资产			一年内到期的非流动负债	20 000	
流动资产合计	1 902 781.62		其他流动负债		
非流动资产：			流动负债合计	491 940	
可供出售金融资产			非流动负债：		
持有至到期投资			长期借款	192 000	
长期应收款			应付债券		
长期股权投次	54 400		长期应付款		
投资性房地产			专项应付款		
固定资产	4 665 785		预计负债		
在建工程	1 036 400		递延所得税负债		
工程物资	51 254		其他非流动负债		
固定资产清理			非流动负债合计	192 000	
生产性生物资产			负债合计	683 940	
油气资产			所有者权益（或股东权益）：		
无形资产	1 320 000		实收资本（或股本）	8 000 000	
开发支出			资本公积		
商誉			减：库存股		
长期待摊费用			盈余公积	370 000	
递延所得税资产	199.38		未分配利润	−23 120	
其他非流动资产			所有者权益（或股东权益）合计	8 346 880	
非流动资产合计	7 128 038.38				
资产总计	9 030 820		负债和所有者权益（或股东权益）总计	9 030 820	

（2）编制康达食品厂 2012 年度"利润表"。

有关资料如表 2-264 所列。

表 2-264　利润表示例

利　润　表

会工 02 表

编制单位：康达食品厂　　　　　　2012 年　　　　　　　　单位：元

项　目	本期金额	上期金额（略）
一、营业收入	6 772 980	
减：营业成本	3 991 824	
营业税金及附加	16 212	
销售费用	72 384	
管理费用	1 755 000	
务费用	92 456	
资产减值损失	60 000	
加：公允价值变动收益（损失以"—"号填列）		
投资收益（损失以"—"号填列）	44 104	
其中：对联营企业和合营企业的投资收益		
二、营业利润（亏损以"—"号填列）	829 208	
加：营业外收入	14 112	
减：营业外支出	2 752	
其中：非流动资产处置损失		
三、利润总额（亏损总额以"—"号填列）	840 568	
减：所得税费用		
四、净利润（净亏损以"—"号填列）	840 568	
五、每股收益		
（一）基本每股收益		
（二）稀释每股收益		

（3）编制康达食品厂 2012 年 12 月份"现金流量表"。

第 3 章

银行结算实务模拟实验

【实验目的】

银行结算业务模拟实验旨在使学生熟练掌握银行结算业务中各种票据和各种银行结算凭证的填写方法及会计凭证在企业和银行之间的传递流程。通过本实验，可提高学生对于银行结算业务会计核算的认知和动手操作能力。

【实验程序与要求】

（1）本实验全部使用统一的、仿真的银行结算凭证，要求学生认知各种结算凭证，熟练掌握各种票据和各种银行结算方式的业务流程。

（2）根据案例正确填写相应的结算凭证，熟练掌握各种票据和各种银行结算凭证的填写方法。

（3）熟练掌握各种票据和各种银行结算凭证在企业和银行之间的传递顺序，以及各联次凭证在企业和银行中的核算用途。

（4）熟练掌握企业会计核算所依据的各种票据、结算凭证和其他的原始凭证，并做到根据原始凭证正确编制记账凭证（记账凭证的编制，本实验略）。

【实验资料】

3.1 支票结算实务模拟实验

1. 支票结算会计凭证

（1）现金支票结算会计凭证。

企业从银行提取现金，需要出纳人员签发现金支票，签发现金支票（表 3-1）后，应将存根撕下，凭支票正联到开户银行办理提取现金。

（2）转账支票结算会计凭证。

现行转账支票统一为单联式，单联式转账支票左边为存根，右边为支票联，银行作转账借方传票办理转账，单联式转账支票应加填进账单。现行进账单共有两套，即一式两联和一式三联进账单各一套。

银行接到持票人送来的转账支票（表 3-2）和一式两联进账单（表 3-3、表 3-4）时，应认真审查。经审查无误后，支票作银行借方凭证，第一联进账单加盖转讫章作收账通知交给持票人，第二联进账单作贷方凭证。当银行接到出票人送来的转账支票和一式三联进账单（表 3-5～表 3-7）时，应认真审查。经审查无误后，转账支票作银行借方凭证，第一联进账单加盖转讫章作回单交给出票人，第二联进账单作贷方凭证，第三联进账单加盖转讫章作收账通知交给收款人。

（3）划线支票结算会计凭证。

　　普通支票（表 3-8）划线后称为划线支票，只能办理转账，不能支取现金，持票人、出票人开户银行对划线支票的结算程序可以照转账支票的办理。

表 3-1　现金支票示例

中国工商银行现金支票存根	中国工商银行**现金支票** 地名 支票号码
支票号码 _____	出票日期（大写）　年　月　日　付款行名称：_____
科　目 _____	收款人：_____　出票人账号：_____
对方科目 _____	人民币（大写）　千 百 十 万 千 百 十 元 角 分
出票日期：　年　月　日	本支票付款期十天
收款人：_____	用途 _____
金　额：_____	科目（借）_____ 对方科目（贷）_____
用　途：_____	上列款项请从我账户内支付
单位主管：　　会计	出票人签章　　收讫日期　年　月　日　出纳　复核　记账
	贴对号单处　　出纳 对号单

表 3-2　转账支票示例

中国工商银行转账支票存根	中国工商银行**转账支票** 地名 支票号码
支票号码 _____	出票日期（大写）　年　月　日　付款行名称：_____
科　目 _____	收款人：_____　出票人账号：_____
对方科目 _____	人民币（大写）　千 百 十 万 千 百 十 元 角 分
出票日期：　年　月　日	本支票付款期限十天
收款人：_____	用途 _____
金　额：_____	科目（借）_____ 对方科目（贷）_____
用　途：_____	上列款项请从我账户内支付
单位主管：　　会计	出票人签章　　收讫日期　年　月　日　出纳　复核　记账
	（使用清分机的，此区域供打印磁性字码）

表 3-3　进账单(收账通知)1 联示例

中国工商银行 **进 账 单**(收账通知) **1**

年　月　日　　　　　第　号

出票人	全　称		持票人	全　称	
	账　号			账　号	
	开户银行			开户银行	

人民币 (大写)		千 百 十 万 千 百 十 元 角 分

票据种类	
票据张数	

单位主管　　会计　　复核　　记账　　　　　　持票人开户行盖章

此联是持票人开户银行交给持票人的收账通知

表 3-4　进账单(贷方凭证)2 联示例

中国工商银行 **进 账 单**(贷方凭证) **2**

年　月　日　　　　　第　号

出票人	全　称		持票人	全　称	
	账　号			账　号	
	开户银行			开户银行	

人民币 (大写)		千 百 十 万 千 百 十 元 角 分

票据种类		科目(贷)＿＿＿＿
票据张数		对方科目(借)＿＿＿＿
备注:		转账日期　年　月　日

复核　　记账

此联由持票人开户银行作贷方凭证

表 3-5 进账单(回 单)1 联示例

中国工商银行 **进 账 单**(回　　单) **1**

年　月　日　　　　　第　号

出票人	全　称		持票人	全　称	
	账　号			账　号	
	开户银行			开户银行	

人民币
(大写)　　　　　　　　　　　　　千 百 十 万 千 百 十 元 角 分

票据种类	
票据张数	

单位主管　　会计　　复核　　记账　　　　　　出票人开户行盖章

此联是出票人开户银行交给出票人的回单

表 3-6 进账单(贷方凭证)2 联示例

中国工商银行 **进 账 单**(贷方凭证) **2**

年　月　日　　　　　第　号

出票人	全　称		持票人	全　称	
	账　号			账　号	
	开户银行			开户银行	

人民币
(大写)　　　　　　　　　　　　　千 百 十 万 千 百 十 元 角 分

票据种类		科目(贷)_____
票据张数		对方科目(借)_____
备注:		转账日期　年　月　日
		复核　　记账

此联由收款人开户银行作贷方凭证

表 3-7 进账单(收账通知)3联示例

中国工商银行 **进 账 单**(收账通知) **3**

年 月 日 第 号

出票人	全 称		持票人	全 称	
	账 号			账 号	
	开户银行			开户银行	

人民币(大写)		千 百 十 万 千 百 十 元 角 分

票据种类	
票据张数	

单位主管 会计 复核 记账 　　　　　　收款人开户行盖章

此联是收款人开户银行交给收款人的收账通知

表 3-8 银行支票示例

中国工商银行 ( ) 支票存根	中国工商 **银行** **支票** 地名 支票号码

中国工商银行 ( )
支票存根

支票号码

科 目 _____

对方科目 _____

出票日期: 年 月 日

收款人:
金 额:
用 途:

单位主管: 会计

本支票付款期限十天

出票日期(大写)贰零 年 月 日
收款人:

付款行名称:
出票人账号:

人民币(大写)	千 百 十 万 千 百 十 元 角 分

用途 ----------------

上列款项请从我账户内支付

出票人签章

科目(借) ----------

对方科目(贷) ----------

转账日期 年 月 日

复核 记账

---

2. 实验题目

实验 3.1：2012 年 2 月 3 日，红星公司（为增值税一般纳税人、开户银行为太原市工商银行，账号 138945071。以下所有实验题同）签发了一张 10 000 元的现金支票，到其开户银行提取现金，用于支付购买办公用品的款项。

实验 3.2：2012 年 2 月 5 日，红星公司因销售一批材料收到大华公司开据的一张金额为 200 000 元的转账支票。填写一式两联进账单，要求其开户银行进账。大华公司开户行为太原市农业银行，账号 36236178。

3.2　银行汇票结算业务模拟实验

1. 银行汇票结算的会计凭证

银行汇票共有两套凭证，第一套凭证为银行汇票申请书，一式三联（表 3-9～表 3-11）：第一联存根，第二联银行借方凭证，第三联银行贷方凭证；第二套凭证为银行汇票结算凭证，一式四联（表 3-12～表 3-15）：第一联卡片，第二联汇票，第三联解讫通知，第四联多余款收账通知。

表 3-9　汇票申请书(存根)1 联示例

中国工商银行汇票申请书（存根）　　**1**

申请日期	年　月　日		第　号	
申请人		收款人		此联由申请人留存
账　号或住址		账　号或住址		
用　途		代　理付款行		
汇票金额	人民币（大写）	千 百 十 万 千 百 十 元 角 分		

备注

科目 ....
对方科目 ....

财务主管　　　复核　　　经办

表 3-10　汇票申请书(借方凭证)2 联示例

中国工商银行汇票申请书（借方凭证）　　**2**

申请日期	年　月　日		第　号	
申请人		收款人		此联出票行作借方凭证
账　号或住址		账　号或住址		
用　途		代　理付款行		
汇票金额	人民币（大写）	千 百 十 万 千 百 十 元 角 分		

上列款项请从我账户内支付

申请人盖章

科目(借) ....
对方科目(贷) ....
转账日期　　年　月　日
复核　　　记账

表 3-11　汇票申请书(贷方凭证)3 联示例

中国工商银行汇票申请书(贷方凭证)　**3**

申请日期　　年　月　日　　　　第　　号

申请人		收款人	
账　号 或住址		账　号 或住址	
用　途		代　理 付款行	
汇票金额	人民币 (大写)		千 百 十 万 千 百 十 元 角 分

备注

科目(贷)　————————
对方科目(借)　————————
转账日期　　　　年　月　日
复核　　　　记账　　　　出纳

此联出票行作贷方凭证

表 3-12　银行汇票(卡片)1 联示例

付款期限
壹个月

中国工商银行

银行汇票(卡片)　**1**

汇票号码
第　　号

出票日期 (大写)	贰零　　年　月　日	代理付款行:　　　　行号:
收款人:		账号:
汇票金额	人民币 (大写)	
实际结算金额	人民币 (大写)	千 百 十 万 千 百 十 元 角 分

申请人:　_____
出票行:　_____　行号:　_____
备注:　_____
复核　　　　经办

账号或住址:　_____

科目(借)　....................
对方科目(贷)　....................
　　　　(贷)　....................
销账日期　　　年　月　日
复核　　　　记账

此联出票行结清汇票时作汇出汇款借方凭证

表 3-13 银行汇票 2 联示例

中国工商银行

银行汇票 **2**

付款期限 壹 个 月		汇票号码 第 号

出票日期（大写） 贰零 年 月 日	代理付款行： 行号：

收款人：	账号：

汇票金额	人民币（大写）

实际结算金额	人民币（大写）	千 百 十 万 千 百 十 元 角 分

申请人：_____
出票行：_____ 行号：_____
备注：_____
凭票付款
出票行签章

	科目〔借〕 _____
账号或住址：_____	对方科目（收）_____
多余金额	兑付 年 月 日
千 百 十 万 千 百 十 元 角 分	复核 记账

注：汇票号码前加印省别代号。

此联出票行结清汇票时作汇出汇款借方凭证

表 3-14 银行汇票解讫通知 3 联示例

中国工商银行

银行汇票 解讫通知 **3**

付款期限 壹 个 月		汇票号码 第 号

出票日期（大写） 贰零 年 月 日	代理付款行： 行号：

收款人：	账号：

汇票金额	人民币（大写）

实际结算金额	人民币（大写）	千 百 十 万 千 百 十 元 角 分

申请人：_____
出票行：_____ 行号：_____
备注：_____
代理付款行盖章
复核 经办

	科目（货）_____
账号或住址：_____	对方科目（借）_____
多余金额	转账日期 年 月 日
千 百 十 万 千 百 十 元 角 分	复核 记账

注：汇票号码前加印省别代号。

此联由出票行作多余款贷方凭证代理付款行兑付后随报单寄出票行

表 3-15　银行汇票多余款收账通知 4 联示例

付款期限 壹个月	中国工商银行

中国工商银行

银行汇票〔多余款 收账通知〕　**4**　　汇票号码 第　号

出票日期 (大写)	贰零　年月日	代理付款行：　　行号：	此联出票行结清多余款后交申请人
收款人：		账号：	
汇票金额	人民币 (大写)		
实际结算金额	人民币 (大写)	千 百 十 万 千 百 十 元 角 分	

申请人：
出票行：　　　行号：
备注：
出票行签章
年　月　日

多余金额
千 百 十 万 千 百 十 元 角 分

账号或住址：＿＿＿＿＿

左列退回多余金额已收入你账户内。

财务主管　　复核　　经办

注：汇票号码前加印省别代号。

2. 实验题目

实验 3.3：2012 年 3 月 5 日，红星公司向其开户银行提出申请，要求签发一张金额为 240 000 元、收款人为明达公司的银行汇票。明达公司开户行为太原市农行五一路支行，账号 1371382154。

实验 3.4：3 月 6 日，红星公司持上述汇票向明达公司采购甲材料一批，实际结算金额为 200 000 元。

实验 3.5：3 月 10 日，红星公司收到银行转来的多余款收账通知，金额 40 000元。

3.3　商业汇票结算业务模拟实验

1. 商业汇票的会计凭证

（1）商业承兑汇票。

商业承兑汇票采用一式三联凭证（表 3-16～表 3-18），第一联卡片联，此联承兑人留存；第二联商业承兑汇票，此联持票人开户银行随委托收款结算凭证寄给付款人开户银行作借方凭证附件；第三联存根联，此联出票人存查。

（2）银行承兑汇票。

银行承兑汇票采用一式三联凭证（表 3-19～表 3-21），第一联卡片联，此联承兑行留存备查，到期支付票款时作借方凭证附件；第二联银行承兑汇票正联，此联收款人开户银行随委托收款结算凭证，寄给付款人开户银行作借方凭证附件；第三联存根联，此联出票人存查。

（3）银行承兑协议。

银行承兑协议一式三联（表 3-22），第一联正本；第二联正本；第三联副本。

表 3-16　商业承兑汇票(卡片)1 联示例

商业承兑汇票（卡片）　**1**

出票日期（大写）		年　月　日		汇票号码 第　号	

付款人	全　称		收款人	全　称		此联承兑人留存
	账　号			账　号		
	开户银行	行号		开户银行	行号	

出票金额	人民币（大写）	千百十万千百十元角分

汇票到期日	交易合同号码
	备注：
	出票人签章

表 3-17　商业承兑汇票 2 联示例

商业承兑汇票　**2**

出票日期（大写）		年　月　日		汇票号码 第　号	

付款人	全　称		收款人	全　称		此联持票人开户行作借方凭证附件随委托收款凭证寄付款人开户行
	账　号			账　号		
	开户银行	行号		开户银行	行号	

出票金额	人民币（大写）	千百十万千百十元角分

汇票到期日	交易合同号码
本汇票已经承兑，到期无条件支付票款	本汇票请予以承兑于到期日付款
承兑人签章 承兑日期　　年　月　日	出票人签章

表 3-18 商业承兑汇票存根 3 联示例

商业承兑汇票　　3

出票日期　　　　　　年 月 日　　　　汇票号码
（大写）　　　　　　　　　　　　　　　第　　号

付款人	全　称		收款人	全　称	
	账　号			账　号	
	开户银行	行号		开户银行	行号

出票金额	人民币（大写）			千 百 十 万 千 百 十 元 角 分

汇票到期日		交易合同号码	

备注：

此联出票人存查

表 3-19 银行承兑汇票（卡片）1 联示例

银行承兑汇票（卡片）　　1

出票日期　　贰零 年 月 日　　　　汇票号码
（大写）　　　　　　　　　　　　　第　　号

出票人全称		收款人	全　称	
出票人账号			账　号	
付款行全称	行号		开户行	行号

出票金额	人民币（大写）		千 百 十 万 千 百 十 元 角 分

汇票到期日		承兑协议编号	

本汇票请你行承兑,此项汇票款
我单位按承兑协议于到期日前足
额交存你行,到期请予以支付

出票人签章
年 月 日

备注：

科目(借) ....
对方科目(贷) ....
转账　　年　月　日
复核　　　记账

此联承兑行留存备查，到期支付票款时作借方凭证附件

表 3-20　银行承兑汇票 2 联示例

银行承兑汇票　　2

出票日期　　　　　　　　　　　　　　　　　　　汇票号码
（大写）　　　　贰零　年　月　日　　　　　　　　第　号

出票人全称		收款人	全　称			
出票人账号			账　号			
付款行全称		行号	开户行		行号	

| 汇票金额 | 人民币（大写） | | | 千 百 十 万 千 百 十 元 角 分 |

| 汇票到期日 | 本汇票已经承兑,到期日由本行付款 | 承兑协议编号 | |

本汇票请你行承兑,到期无条件付款

科目(借)．．．．．．．．．．．．
对方科目(贷)．．．．．．．．．．

出票人签章　年　月　日	承兑日期　　年　月　日　　承兑行签章	转账　　　年　月　日
	备注:	复核　　　　　记账

此证联附件收款人开户行随委托收款凭证寄付款行作借方凭

表 3-21　银行承兑汇票(存根)3 联示例

银行承兑汇票　（存根）　3

出票日期　　　　　　　　　　　　　　　　　　　汇票号码
（大写）　　　　贰零　年　月　日　　　　　　　　第　号

出票人全称		收款人	全　称			
出票人账号			账　号			
付款行全称		行号	开户行		行号	

| 出票金额 | 人民币（大写） | | | 千 百 十 万 千 百 十 元 角 分 |

| 汇票到期日 | | 承兑协议编号 | |

备注:

此联出票人存查

银 行 承 兑 协 议　1

编号：＿＿＿＿＿＿＿＿

银行承兑汇票的内容：

出票人全称＿＿＿＿＿＿＿＿＿＿＿＿＿＿＿　收款人全称＿＿＿＿＿＿＿＿＿＿＿＿＿＿＿

开 户 银 行＿＿＿＿＿＿＿＿＿＿＿＿＿＿＿　开 户 银 行＿＿＿＿＿＿＿＿＿＿＿＿＿＿＿

账　　　号＿＿＿＿＿＿＿＿＿＿＿＿＿＿＿　账　　　号＿＿＿＿＿＿＿＿＿＿＿＿＿＿＿

汇 票 号 码＿＿＿＿＿＿＿＿＿＿＿＿＿＿＿　汇票金额（大写）＿＿＿＿＿＿＿＿＿＿＿＿

出票日期＿＿＿＿年＿＿＿月＿＿＿日到期日期＿＿＿＿年＿＿＿月＿＿＿日

以上汇票经银行承兑，出票人愿遵守《支付结算办法》的规定及下列条款：

一、出票人于汇票到期日前将应付票款足额交存承兑银行。

二、承兑手续费按票面金额千分之（　）计算，在银行承兑时一次付清。

三、出票人与持票人如发生任何交易纠纷，均由其双方自行处理，票款于到期前仍按第一条办理不误。

四、承兑汇票到期日，承兑银行凭票无条件支付票款。如到期日之前出票人不能足额交付票款时，承兑银行对不足支付部分的票款转作出票申请人逾期贷款，并按照有关规定计收罚息。

五、承兑汇票款付清后，本协议自动失效。

承兑银行签章　　　　　　　出票人签章

订立承兑协议日期＿＿＿＿年＿＿＿月＿＿＿日

此联出票人存执一联，在"银行承兑协议"之后，第二联加印 2，第三联加印（副本）字样。

2. 实验题目

实验 3.6：2012 年 4 月 6 日，红星公司向华伟公司采购一批材料，签发了一张金额为 180 000 元的商业承兑汇票，期限为 6 个月。华伟公司开户行为天津市农业银行，账号 13623617810。

实验 3.7：2012 年 5 月 2 日，红星公司向华伟公司采购一批材料，签发了一张金额为 200 000 元的银行承兑汇票，期限为 6 个月。

3.4　银行本票结算业务模拟实验

1. 银行本票的会计凭证

（1）银行本票申请书。

银行本票申请书一式三联，第一联申请人存根，第二联银行借方凭证，第三联银行贷方凭证。

（2）定额银行本票（表 3-23）。

由单联式组成，左边约 1/4 为存根，右边约 3/4 为本票联，反面用于背书转让和提示付款签章。

（3）不定额银行本票。

一式两联（表 3-24、表 3-25）。第一联卡片联，由出票银行留存，结清本票时作借方传票附件，第二联本票联，由正反两面组成，反面用于背书转让和提示付款签章，正面为本票联，此联出票行结清本票时作借方凭证。

（4）进账单。

一式两联，第一联银行加盖转讫章作收账通知交给持票人，第二联银行作贷方凭证。

表 3-23　银行本票（定额本票）示例

中国工商银行本票存根	付款期限 × 个月	中国工商银行　　　　地名　本票号码
本票号码： 　地　名：ⅨⅤ 00000000 收款人： 金　额：**壹万圆整** 用　途： 科　目（借）＿＿＿＿＿＿＿＿＿ 对方科目（贷）＿＿＿＿＿ 出票日期：　　年　月　日 出纳　　　复核　　　经办		**本　票** 出票日期　　　　年　月　日 （大写） 收款人： 凭票即付人民币：**壹万圆整** 转账　　　现金　　　￥10000 　　　　　　　　　　　　出票行签章

表 3-24　银行本票（不定额本票）1 联示例

付款期限 × 个月	中国工商银行　　地名　本票号码	
	本　票（卡片）**1** 出票日期　贰零　年　月　日 （大写）　　　　　　　第　号	此本联票出时票作行借留方存凭，证结附清件
收款人： 凭票即付　人民币（大写） 转账　　现金 备注：		出纳　复核　经办

表 3-25　银行本票(不定额本票)2 联示例

付款期限 × 个月	中国工商银行　　地名　　本票号码		此联作借方凭证 出票行结清本票时
	本　票　2 出票日期　贰零　　年　月　日 (大写)　　　　　　　第　号		
收款人:			
凭票即付	人民币 (大写)		
转账	现金		科目(借) _____ 对方科目(贷) _____
备注:			付款日期　年　月　日
	出票行签章		出纳　复核　经办
(使用清分机的,此区域供打印磁性字码)			

2. 实验题目

实验 3.8:2012 年 5 月 5 日,红星公司向其开户银行申请,签发一张金额为 250 000 元的银行本票。

实验 3.9:2012 年 5 月 10 日,红星公司向华伟公司出售一批材料,收到华伟公司交来的一张金额为 480 000 元的不定额银行本票。红星公司向其开户银行提示进账。

3.5　汇兑结算业务模拟实验

1. 汇兑结算凭证

汇兑结算凭证,分为信汇结算凭证和电汇结算凭证。

(1)信汇结算凭证:一式四联(表 3-26～表 3-29),第一联回单,第二联银行借方传票,第三联贷方传票,第四联收账通知或取款收据。

(2)电汇结算凭证:一式三联(表 3-30～表 3-32),第一联回单,第二联银行借方传票,第三联发电依据。

表 3-26　信汇凭证(回单)1 联示例

中国工商银行 **信汇** 凭证(回单)　　**1**

委托日期　　年　月　日　　　　　第　号

汇款人	全　称						收款人	全　称				
	账号或住址							账号或住址				
	汇出地点	省　市县	汇出行名　称					汇入地点	省　市县	汇入行名称		
金额	人民币(大写)										千百十万千百十元角分	

汇款用途：

　　　单位主管　　会计　　出纳　　记账

汇出行盖章

　　　　　年　月　日

此联汇出行给汇款人的回单

表 3-27　信汇凭证(借方凭证)2 联示例

中国工商银行 **信汇** 凭证(借方凭证)　　**2**

委托日期　　年　月　日　　　　　第　号

汇款人	全　称						收款人	全　称				
	账号或住址							账号或住址				
	汇出地点	省　市县	汇出行名　称					汇入地点	省　市县	汇入行名称		
金额	人民币(大写)										千百十万千百十元角分	

汇款用途：

　　　此汇款支付给收款人

　　　　　　　汇款人签章

科目(借)................
对方科目(贷)................
汇出行汇出日期　　年　月　日
复核　　　　记账

此联汇出行作借方凭证

表 3-28　信汇凭证(贷方凭证)3 联示例

中国工商银行 **信汇**凭证(贷方凭证)　　**3**

委托日期　　　年　月　日　　　　　第　　　号
应解汇款编号

汇款人	全　称		收款人	全　称												
	账　号或住址			账　号或住址												
	汇出地点	省　市县　汇出行名　称		汇入地点	省　市县	汇入行名　称										
金额	人民币(大写)					千	百	十	万	千	百	十	元	角	分	
汇款用途:			科目(货)													
备注			对方科目(借)													
			汇入行转账日期　　年　月　日													
			复核　　　　记账													

此联汇入行作贷方凭证

表 3-29　信汇凭证(收账通知)4 联示例

中国工商银行 **信汇**凭证 (收账通知或取款收据)　**4**

委托日期　　　年　月　日　　　　　第　　　号
应解汇款编号

汇款人	全　称		收款人	全　称												
	账　号或住址			账　号或住址												
	汇出地点	省　市县　汇出行名　称		汇入地点	省　市县	汇入行名　称										
金额	人民币(大写)					千	百	十	万	千	百	十	元	角	分	
汇款用途:			留行待取预留收 款 人 印 鉴													
款项已收入收款人账户	款项已收妥		科目(借)													
			对方科目(贷)													
汇入行盖章年 月 日	收款人盖章年 月 日		汇出行汇出日期　　年　月　日复核　　　　　出纳记账													

此联给收款人的收账通知或代取款通知

表 3-30 电汇凭证(回单)1 联示例

中国工商银行 **电汇** 凭证(回单) **1**

委托日期 年 月 日 第 号

汇款人	全 称					收款人	全 称													
	账 号或住址						账 号或住址													
	汇 出地 点	省	市县	汇出行名 称			汇 入地 点	省	市县	汇入行名 称										
金额	人民币(大写)										千	百	十	万	千	百	十	元	角	分

汇款用途:

单位主管 会计 复核 记账

汇出行盖章

年 月 日

此联汇出行给汇款人的回单

表 3-31 电汇凭证(借方凭证)2 联示例

中国工商银行 **电汇** 凭证(借方凭证) **2**

委托日期 年 月 日 第 号

汇款人	全 称					收款人	全 称													
	账 号或住址						账 号或住址													
	汇 出地 点	省	市县	汇出行名 称			汇 入地 点	省	市县	汇入行名 称										
金额	人民币(大写)										千	百	十	万	千	百	十	元	角	分

汇款用途:

此汇款支付给收款人

电 汇 汇款人签章

科目(借) ....
对方科目(贷) ....
汇出行汇出日期 年 月 日
复核 记账

此联汇出行作借方凭证

表 3-32　电汇凭证发电依据 3 联示例

中国工商银行**电汇**凭证（发电依据）　**3**

委托日期　　年　月　日　　　　　　　第　　号

汇款人	全　称		收款人	全　称										此联汇出行凭此拍发电报
	账　号或住址			账　号或住址										
	汇出地点	省　市县　汇出行名称		汇入地点	省　市县　汇入行名称									
金额	人民币（大写）					千	百	十	万	千	百	十	元角分	
汇款用途：														

复核　　　　　　记账

电汇

2. 实验题目

实验 3.10：2012 年 6 月 6 日，红星公司采用信汇结算方式，委托其开户银行汇往外地的凯胜公司一笔前欠材料采购款，金额共计 180 000 元。凯胜公司开户行为上海市工行，账号为 13823450。

实验 3.11：2012 年 6 月 12 日，红星公司采用电汇结算方式，委托其开户银行汇往外地的龙华公司一笔前欠材料采购款，金额共计 120 000 元。龙华公司开户行为合肥市交通银行，账号 13956431。

3.6　异地托收承付结算业务模拟实验

1. 托收承付结算凭证

（1）邮划托收承付结算采用一式五联凭证（表 3-33～表 3-37）。第一联回单，该联是收款人开户银行给收款人的回单；第二联贷方凭证，该联是收款人开户银行作贷方凭证；第三联借方凭证，该联是付款人开户银行作借方凭证；第四联收账通知，该联是收款人开户银行在收妥款项后给收款人的收账通知，第五联承付通知，该联是付款人开户银行通知付款人按期承付款的通知。

（2）电划托收承付结算采用一式五联凭证（表 3-38～表 3-42）。第一联回单，该联是收款人开户银行给收款人的回单；第二联贷方凭证，该联是收款人开户银行作贷方凭证；第三联借方凭证，该联是付款人开户银行作借方凭证；第四联发电依据，该联是付款人开户银行凭以拍发电报的凭证；第五联承付通知，该联是付款人开户银行通知付款人按期承付货款的通知。

（3）拒付理由书一式四联凭证（表 3-43～表 3-46）。第一联回单或付款通知，此联是银行给付款人的回单或付款通知；第二联借方凭证，此联是银行作借方凭证或存查；第三联贷方凭证，此联是银行作贷方凭证或存查；第四联代通知或收账通知，此联是银行给收款人作收账通知或全部拒付通知书。

表 3-33　邮划托收承付凭证(回单)1 联示例

托收承付 凭证(回　单)　**1**

邮

第　号
托收号码：

委托日期　　　年　月　日

此联是收款人开户银行给收款人的回单

付款人	全　称		收款人	全　称			
	账号或地址			账　号			
	开户银行			开户银行		行号	

托收金额	人民币(大写)				千 百 十 万 千 百 十 元 角 分

附　　件	商 品 发 运 情 况	合 同 名 称 号 码
附寄单证张数或册数		

备注：

款项收妥日期

20　　年　月　日　　　　收款人开户银行盖章　　月　日

单位主管　　　会计　　　复核　　　记账

表 3-34　邮划托收承付凭证(贷方凭证)2 联示例

托收承付 凭证(贷方凭证)　**2**

邮

第　号
托收号码：

委托日期　　　年　月　日

此联是收款人开户银行办理托收款项的贷方凭证

付款人	全　称		收款人	全　称			
	账号或地址			账　号			
	开户银行			开户银行		行号	

托收金额	人民币(大写)				千 百 十 万 千 百 十 元 角 分

附　　件	商 品 发 运 情 况	合 同 名 称 号 码
附寄单证张数或册数		

备注：

本托收款项随附有关单证等件，请予办理托收

科目(贷) ....
对方科目(借) ....
转账　　　　　年　月　日

收款人签章　　　复核　　　记账

收款人开户银行收到日期　　　年　月　日

表 3-35 邮划托收承付凭证(借方凭证)3 联示例

托收承付 凭证(借方凭证) 3

邮

	第 号
	托收号码：

承 付 期 限	
到期 年 月 日	

委托日期 年 月 日

付款人	全 称		收款人	全 称										
	账号或地址			账 号										
	开户银行			开户银行				行号					

托收金额	人民币(大写)			千	百	十	万	千	百	十	元	角	分

附 件	商品发运情况	合同名称号码
附寄单证张数或册数		

备注：	银行意见	科目(借) ....
		对方科目(货) ....
		转账 年 月 日
	收款人开户银行盖章 月 日	复核 记账

收款人开户银行收到日期 年 月 日

此联是付款人开户银行作借方凭证

表 3-36 邮划托收承付凭证(收账通知)4 联示例

托收承付凭证(收账通知) 4

邮

	第 号
	托收号码：

承 付 期 限	
到期 年 月 日	

委托日期 年 月 日

付款人	全 称		收款人	全 称										
	账号或地址			账 号										
	开户银行			开户银行				行号					

托收金额	人民币(大写)			千	百	十	万	千	百	十	元	角	分

附 件	商品发运情况	合同名称号码
附寄单证张数或册数		

备注：	本托收款项已由付款人开户行全额划回并收入你账户内。	科目 ....
		对方科目 ....
		转账 年 月 日
		单位主管 会计
	收款人开户银行盖章 月 日	复核 记账

付款人开户银行收到日期 年 月 日 支付日期 年 月 日

此联是通知收款人开户银行在款项收妥后给收款人的回单

表 3-37　邮划托收承付凭证(承付通知)5 联示例

托收承付凭证(承付支款通知) 5

邮

第　号
托收号码：

承付期限			
到期	年	月	日

委托日期　　　年　　月　　日

付款人	全　称		收款人	全　称				
	账号或地址			账　号				
	开户银行			开户银行			行号	

托收金额	人民币(大写)		千	百	十	万	千	百	十	元	角	分

附　件	商品发运情况	合同名称号码
附寄单证张数或册数		

备注：	付款人注意： 1. 据支付结算办法规定,上列托收款项,在承付期限内未拒付时即视同全部承付。如系全额支付即以此联代付款通知;如遇延付或部分支付时,再由银行另送延付或部分支付的付款通知。 2. 如需提前承付或多承付时,应另写书面通知送银行办理。 3. 如系全部或部分拒付,应在承付期限内另填拒绝承付理由书送银行办理。

单位主管　　会计　　　复核　　记账　　　付款人开户银行盖章　　年　　月　　日

此联是付款(付款)通知的承付银行通知付款人开户银行按期承付货款

表 3-38　电划托收承付凭证(回单)1 联示例

托收承付凭证(回单) 1

电

第　号
托收号码：

委托日期　　　年　　月　　日

付款人	全　称		收款人	全　称				
	账号或地址			账　号				
	开户银行			开户银行			行号	

托收金额	人民币(大写)		千	百	十	万	千	百	十	元	角	分

附　件	商品发运情况	合同名称号码
附寄单证张数或册数		

备注： 电划	款项收妥日期 年　　月　　日	收款人开户银行盖章　　月　　日

单位主管　　会计　　　复核　　记账

此联是收款人开户银行给收款人的回单

表 3-39　电划托收承付凭证(贷方凭证)2 联示例

托收承付凭证（贷方凭证） 2

第　号
托收号码：

电

委托日期　　年　月　日

付款人	全　称		收款人	全　称		
	账号或地址			账　号		
	开户银行			开户银行		行号

| 托收金额 | 人民币（大写） | | 千 百 十 万 千 百 十 元 角 分 |

| 附　件 | 商品发运情况 | 合同名称号码 |
| 附寄单证张数或册数 | | |

备注：

电划

本托收款项随付有关单证等件,请予办理托收。

收款人签章

科目(贷)..............
对方科目(借)..........
转账　　年　月　日
复核　　记账

收款人开户银行收到日期　　年　月　日

表 3-40　电划托收承付凭证(借方凭证)3 联示例

托收承付凭证（借方凭证） 3

第　号
托收号码：

承　付　期　限
到期　年 月 日

电

委托日期　　年　月　日

付款人	全　称		收款人	全　称		
	账号或地址			账　号		
	开户银行			开户银行		行号

| 托收金额 | 人民币（大写） | | 千 百 十 万 千 百 十 元 角 分 |

| 附　件 | 商品发运情况 | 合同名称号码 |
| 附寄单证张数或册数 | | |

备注：

电划

银行意见

收款人付款盖章　月　日

科目(借)..............
对方科目(贷)..........
转账　　年　月　日
复核　　记账

付款人开户银行收到日期　　年　月　日

表 3-41　电划托收承付凭证(发电依据)4 联示例

托收承付凭证(发电依据) 4

第　号
托收号码：

承付期限
到期　年　月　日

委托日期　　年　月　日

付款人	全　　称		收款人	全　　称		
	账号或地址			账　号		
	开户银行			开户银行		行号

| 托收金额 | 人民币(大写) | | | | | | 千百十万千百十元角分 |

附　　件		商品发运情况		合同名称号码	
附寄单证张数或册数					

备注：

电划

表 3-42　电划托收承付凭证(承付凭证)5 联示例

托收承付凭证(承付付款凭证) 5

第　号
托收号码：

承付期限
到期　年　月　日

委托日期　　年　月　日

付款人	全　　称		收款人	全　　称		
	账号或地址			账　号		
	开户银行			开户银行		行号

| 托收金额 | 人民币(大写) | | | | | | 千百十万千百十元角分 |

附　　件		商品发运情况		合同名称号码	
附寄单证张数或册数					

备注：

电划

付款人注意：
1. 据支付结算办法规定,上列托收款项,如超过承付期限并未拒付时即视同全部承付。如系全额支付即以此联代付款通知:如遇延付或部分支付时,再由银行另送延付或部分支付的付款通知。
2. 如需提前承付或多承付时,应另写书面通知送银行办理。
3. 如系全部或部分拒付,应在承付期限内另填拒绝承付理由书送银行办理。

单位主管　　会计　　复核　记账　　付款人开户银行盖章　年　月　日

表 3-43　托收承付、委托收款结算拒付理由书（回单）1 联示例

托收承付　　结算全部　　　　　　　　　　　　　回单或
委托收款　　　　部分　拒绝付款理由书（付款通知）　　**1**

付款人	全　　称			收款人	全　　称									
	账　　号				账　　号									
	开户银行		行号		开户银行		行号							
托收金额		拒付金额			部分付款金额	千	百	十	万	千	百	十	元	角	分
附寄单证	张	部分付款金额（大写）												
拒付理由：														

付款人盖章

拒付日期　　　年　　月　　日　　　原托收号码：

此联银行给付款人的回单或付款通知

表 3-44　托收承付、委托收款结算拒付理由书（借方凭证）2 联示例

托收承付　　结算全部
委托收款　　　　部分　拒绝付款理由书（借方凭证）　　**2**

拒付日期　　　年　　月　　日　　　原托收号码：

付款人	全　　称			收款人	全　　称									
	账　　号				账　　号									
	开户银行		行号		开户银行		行号							
托收金额		拒付金额			部分付款金额	千	百	十	万	千	百	十	元	角	分
附寄单证	张	部分付款金额（大写）												
拒付理由：				科目（借）										
				对方科目（贷）										
			付款人盖章	转账日期　　年　　月　　日										
				复核　　　　　记账										

此联银行作借方凭证或存查

表 3-45　托收承付、委托收款结算拒付理由书（贷方凭证）3 联示例

托收承付
委托收款　结算　全部
　　　　　　　部分　拒绝付款理由书（贷方凭证）　**3**

拒付日期　　年 月 日　　原托收号码：

付款人	全　称		收款人	全　称	
	账　号			账　号	
	开户银行		行号		开户银行	行号

托收金额		拒付金额		部分付款金额	千 百 十 万 千 百 十 元 角 分

附寄单证	张	部分付款金额（大写）	

拒付理由：

科目（贷）_____
对方科目（借）_____
转账日期　年 月 日

付款人盖章　　　　复核　　　　记账

此联银行作贷方凭证或存查

表 3-46　托收承付、委托收款结算拒付理由书收账通知 4 联示例

托收承付
委托收款　结算　全部
　　　　　　　部分　拒绝付款理由书（代通知或收账通知）　**4**

拒付日期　　年 月 日　　原托收号码：

付款人	全　称		收款人	全　称	
	账　号			账　号	
	开户银行		行号		开户银行	行号

托收金额		拒付金额		部分付款金额	千 百 十 万 千 百 十 元 角 分

附寄单证	张	部分付款金额（大写）	

拒付理由：

付款人盖章

此联银行给收款人作收账通知或全部拒付通知书

2. 实验题目

实验 3.12：2012 年 8 月 3 日，红星公司采用邮划托收承付结算方式委托其开户银行向外地的龙华公司托收一笔金额为 310 000 元的销售款。8 月 10 日，红星公司收到了该笔货款。

实验 3.13：2012 年 8 月 12 日，红星公司采用电划托收承付结算方式委托其开户银行向外地的华伟公司托收一笔金额为 350 000 元的销售款。8 月 21 日，红星公司收到了该笔货款。

3.7 委托收款结算业务模拟实验

1. 委托收款结算凭证

(1)邮划委托收款结算凭证一式五联（表 3-47～表 3-51、）：第一联回单，此联由收款人开户银行给收款人作回单；第二联贷方凭证，此联收款人开户银行作贷方凭证；第三联借方凭证，此联付款人开户银行作借方凭证；第四联收账通知，此联收款人开户银行在收妥款项后给收款人的收账通知；第五联付款通知，此联付款人开户银行给付款人按期承付款的通知。

(2)电划委托收款结算凭证一式五联（表 3-52～表 3-56）：第一联回单，此联收款人开户银行给收款人的回单；第二联贷方凭证，此联收款人开户银行作贷方凭证；第三联借方凭证，此联付款人开户银行作借方凭证；第四联发电依据，此联付款人开户银行凭以拍发电报；第五联付款通知，此联付款人开户银行给付款人按期付款的通知。

表 3-47 委邮委托收款凭证(回单)1 联示例

表 3-48　委邮委托收款凭证(贷方凭证)2 联示例

委邮

委托收款凭证(贷方凭证)　2　　第　号

委托日期　　年　月　日　　　　　委托号码：

付款人	全　称		收款人	全　称			
	账号或地址			账　号			
	开户银行			开户银行		行号	

| 委收金额 | 人民币
(大写) | | | | 千 百 十 万 千 百 十 元 角 分 | | |

| 款项内容 | | 委托收款
凭据名称 | | 附寄单证张数 | |

备注：	上列委托款随附有关单证请 予办理收款	科目(贷)⋯⋯⋯⋯⋯ 对方科目(借)⋯⋯⋯⋯⋯ 转账　　年　月　日
	收款人签章	复核　　　记账

收款人开户银行收到日期　　年　月　日

此联收款人开户银行作贷方凭证

表 3-49　委邮委托收款凭证(借方凭证)3 联示例

委邮

委托收款凭证(借方凭证)　3　　第　号

委托日期　　年　月　日　　　　　委托号码：

付款期限　年 月 日

付款人	全　称		收款人	全　称			
	账号或地址			账　号			
	开户银行			开户银行		行号	

| 委收金额 | 人民币
(大写) | | | | 千 百 十 万 千 百 十 元 角 分 | | |

| 款项内容 | | 委托收款
凭据名称 | | 附寄单证张数 | |

备注：		科目(借)⋯⋯⋯⋯⋯ 对方科目(货)⋯⋯⋯⋯⋯ 转账　　年　月　日
	收款人开户银行盖章　月　日	复核　　　记账

付款人开户银行收到日期　　年　月　日

此联付款人开户银行作借方凭证

表 3-50　委邮委托收款凭证(收账通知)4 联示例

委托收款凭证(收账通知)　4　　第　号

委邮

委托日期　年　月　日　　　　委托号码：

付款期限　年月日

付款人	全　称		收款人	全　称			
	账号或地址			账　号			
	开户银行			开户银行		行号	

委收金额 | 人民币(大写) | | | | 千百十万千百十元角分 |

| 款项内容 | | 委托收款凭据名称 | | 附寄单证张数 | |

备注：

上列款项：
1. 已全部划回收入你方账户
2. 全部未收到。

收款人开户行盖章
年　月　日

此联收款人开户银行在款项收妥后给收款人的收账通知

单位主管　　会计　　复核　　记帐　　　　付款人开户银行收到日期　年　月　日
支付日期　年　月　日

表 3-51　委邮委托收款凭证(付款通知)5 联示例

委托收款凭证(付款通知)　5　　第　号

委邮

委托日期　年　月　日　　　　委托号码：

付款期限　年月日

付款人	全　称		收款人	全　称			
	账号或地址			账　号			
	开户银行			开户银行		行号	

委收金额 | 人民币(大写) | | | | 千百十万千百十元角分 |

| 款项内容 | | 委托收款凭据名称 | | 附寄单证张数 | |

备注：

付款人注意：
1. 应于见票当日通知开户银行划款。
2. 如需拒付，应在规定期限内，将拒付理由书并附债务证明退交开户银行。

此联付款人开户银行给付款人按期付款的通知

单位主管　　会计　　复核　　记帐　　　　付款人开户银行收到日期　年　月　日

表 3-52 委电委托收款凭证(回 单)1 联示例

委托收款凭证(回 单) 1 第 号

委电

委托日期   年   月   日   委托号码:

付款人	全　称		收款人	全　　称								
	账号或地址			账　号								
	开户银行			开户银行				行号				

此联收款人开户行给收款人的回单

			千	百	十	万	千	百	十	元	角	分
委收金额	人民币(大写)											

款项内容		委托收款凭据名称		附寄单证张数	
备注	**电划**	款项收妥日期 年 月 日	收款人开户银行盖章 月 日		

单位主管   会计   复核   记账

表 3-53 委电委托收款凭证(贷方凭证)2 联示例

委托收款凭证(货方凭证) 2 第 号

委电

委托日期   年   月   日   委托号码:

付款人	全　称		收款人	全　　称								
	账号或地址			账　号								
	开户银行			开户银行				行号				

此联收款人开户银行作贷方凭证

			千	百	十	万	千	百	十	元	角	分
委收金额	人民币(大写)											

款项内容		委托收款凭据名称		附寄单证张数	
备注	**电划**	本委托收款随附有关债务证明,请予办理收款 收款人签章	科目(贷)＿＿＿＿ 对方科目(借)＿＿＿＿ 转账　年　月　日 复核　　　记账		

收款人开户银行收到日期   年   月   日

表 3-54　委电委托收款凭证(借方凭证)3 联示例

委托收款凭证(借方凭证)　3　　　第　号

委电

委托日期　　年　月　日　　　　　委托号码：

付款期限　年月日

付款人	全　称		收款人	全　称											
	账号或地址			账　号											
	开户银行			开户银行		行号									

委收金额	人民币(大写)					千	百	十	万	千	百	十	元	角	分

款项内容		委托收款凭据名称		附寄单证张数	

备注：

科目(借) ＿＿＿＿＿＿
对方科目(货) ＿＿＿＿＿＿
转账　　年　月　日

电划

收款人开户银行盖章　月　日　　　复核　　　记账

付款人开户银行收到日期　　年　月　日

此联付款人开户银行作借方凭证

10×17.5 公分(白纸黑油墨)

表 3-55　委电委托收款凭证(发电依据)4 联示例

委托收款凭证(发电依据)　4　　　第　号

委电

委托日期　　年　月　日　　　　　委托号码：

付款期限　年月日

付款人	全　称		收款人	全　称											
	账号或地址			账　号											
	开户银行			开户银行		行号									

委收金额	人民币(大写)					千	百	十	万	千	百	十	元	角	分

款项内容		委托收款凭据名称		附寄单证张数	

备注

电划

复核　　　记账

此联付款人开户银行凭以拍发电报

表 3-56　委电委托收款凭证(付款通知)5 联示例

委电　　　　**委托收款**凭证（付款通知）　**5**　　　　第　　号

委托日期　　年　　月　　日　　　　　　　　委托号码：

付款期限　　年　　月　　日

<table>
<tr><td rowspan="3">付款人</td><td>全　称</td><td colspan="2"></td><td rowspan="3">收款人</td><td>全　　称</td><td colspan="3"></td></tr>
<tr><td>账号或地址</td><td colspan="2"></td><td>账　　号</td><td colspan="3"></td></tr>
<tr><td>开户银行</td><td colspan="2"></td><td>开户银行</td><td></td><td>行号</td><td></td></tr>
<tr><td>委收金额</td><td colspan="6">人民币
（大写）</td><td colspan="2">千　百　十　万　千　百　十　元　角　分</td></tr>
<tr><td>款项内容</td><td></td><td>委托收款
凭据名称</td><td colspan="3"></td><td>附寄单证张数</td><td colspan="2"></td></tr>
<tr><td colspan="4">备注：

电划</td><td colspan="5">付款人注意：
1. 应于见票的当日通知开户银行划款。
2. 如需拒付，应在规定期限内，将拒付理由书并随债务证明退交开户银行。</td></tr>
</table>

此联付款人开户银行给付款人按期付款的通知

单位主管　　　会计　　　复核　　　记帐　　　付款人开户银行收到日期　　月　　日

2. 实验题目

实验 3.14：2012 年 9 月 10 日，红星公司采用电划委托收款结算方式委托其开户银行向外地的华伟公司托收一笔金额为 110 000 元的应收销货款。9 月 18 日，红星公司收到了该笔货款。

实验 3.15：2012 年 10 月 7 日，红星公司采用邮划委托收款结算方式委托其开户银行向外地的华伟公司托收一笔金额为 230 000 元的应收销货款。10 月 16 日，红星公司收到了该笔货款。

第 4 章

税收实务模拟实验

【实验目的】

税收实务模拟实验选取了税收实务中的"纳税申报"、"税款征收"环节进行具体操作，通过实验，使学生进一步掌握各种税种的纳税期限、纳税申报资料的填报与保管以及各种税种的税款缴纳方法。本实验提供高质量的仿真资料，要求学生模仿企业的办税员实施纳税申报和税款缴纳，提高学生对纳税申报及其税款缴纳全过程的认知和动手操作能力。

【实验程序与要求】

（1）本实验全部使用统一的、仿真的模拟纳税申报表、附列资料以及税收通用缴款书。要求学生认知和熟悉各种纳税申报表。

（2）辅导老师根据实验需要，组织学生复习各个税种相关的法规、条例，重点是纳税申报表的填列方法，使学生对其有一个规范的认识。

（3）学生根据实验案例，正确填写相应的纳税申报表及其附列资料。

【实验资料】

4.1 增值税一般纳税人纳税申报程序及模拟实验

增值税一般纳税人应按照《中华人民共和国增值税暂行条例》的规定进行增值税纳税申报，应在规定的期限内向主管税务机关提供纳税申报资料办理纳税申报。

1. 纳税期限

纳税人以一个月为一期纳税的，自期满之日起 10 日内申报纳税；以 1 日、3 日、5 日、10 日或者 15 日为期纳税的，自期满之日起 5 日内预缴税款，于次月 1 日至 10 日内申报纳税并结清上月应纳税款。纳税人进口货物，应当自海关填发税款交纳证的次日起 15 日内缴纳税款。纳税人出口适用税率为零的货物，可以按月向税务机关申报办理该项出口货物的退税。

2. 纳税申报资料

（1）《增值税纳税申报表》（表 4-1）。

表 4-1　增值税纳税申报表示例

增值税纳税申报表

（适用于增值税一般纳税人）

　　根据《中华人民共和国增值税暂行条例》第二十二条和第二十三条的规定，制定本表。纳税人不论有无销售额，均应按主管税务机关核定的纳税期限按期填报本表，并于次月一日起十日内，向当地税务机关申报。

税款所属时间：自　年　月　日至　年　月　日　　　填表日期：　年　月　日

金额单位：元至角分

纳税人识别号：□□□□□□□□□□□□□□□□　　　　所属行业：

纳税人名称	（公章）法定代表人姓名		注册地址		营业地址	
开户银行及账号		企业登记注册类型			电话号码	

	项　目	栏　次	一般货物及劳务		即征即退货物及劳务	
			本月数	本年累计	本月数	本年累计
销售额	（一）按适用税率征税货物及劳务销售额	1				
	其中：应税货物销售额	2				
	应税劳务销售额	3				
	纳税检查调整的销售额	4				
	（二）按简易征收办法征税货物销售额	5				
	其中：纳税检查调整的销售额	6				
	（三）免、抵、退办法出口货物销售额	7				
	（四）免税货物及劳务销售额	8				
	其中：免税货物销售额	9				
	免税劳务销售额	10				
税款计算	销项税额	11				
	进项税额	12				
	上期留抵税额	13				
	进项税额转出	14				
	免抵退货物应退税额	15				
	按适用税率计算的纳税检查应补缴税额	16				
	应抵扣税额合计	17＝12＋13－14＋15＋16				
	实际抵扣税额	18（如 17＜11，则为17，否则为 11）				
	应纳税额	19＝11－18				
	期末留抵税额	20＝17－18				
	简易征收办法计算的应纳税额	21				
	按简易征收办法计算的纳税检查应补缴税额	22				
	应纳税额减征额	23				
	应纳税额合计	24＝19＋21－23				

续表

纳税人名称	（公章）	法定代表人姓名		注册地址		营业地址	
开户银行及账号			企业登记注册类型			电话号码	

项　　目	栏　次	一般货物及劳务		即征即退货物及劳务	
		本月数	本年累计	本月数	本年累计

税款缴纳	项　　目	栏次				
	期初未缴税额（多缴为负数）	25				
	实收出口开具专用缴款书退税额	26				
	本期已缴税额	27＝28＋29＋30＋31				
	①分次预缴税额	28				
	②出口开具专用缴款书预缴税额	29				
	③本期缴纳上期应纳税额	30				
	④本期缴纳欠缴税额	31				
	期末未缴税额（多缴为负数）	32＝24＋25＋26－27				
	其中：欠缴税额（≥0）	33＝25＋26－27				
	本期应补（退）税额	34＝24－28－29				
	即征即退实际退税额	35				
	期初未缴查补税额	36				
	本期入库查补税额	37				
	期末未缴查补税额	38＝16＋22＋36－37				

授权声明	如果你已委托代理人申报，请填写下列资料： 为代理一切税务事宜，现授权　　　　（地址） 为本纳税人的代理申报人，任何与本申报表有关的往来文件，都可寄予此人。 授权人签字：	申报人声明	此纳税申报表是根据《中华人民共和国增值税暂行条例》的规定填报的，我相信它是真实的、可靠的、完整的。 　　　　　　　　　　　声明人签字：

以下由税务机关填写：

收到日期：　　　　　　　　　接收人：　　　　　　　　主管税务机关盖章：

（2）《增值税纳税申报表》附表，即《增值税纳税申报表附列资料（1）、（2）、（3）、（4）》，其格式见表 4-2、表 4-3、表 4-4 和表 4-5。

表 4-2　增值税纳税申报表附列资料示例（1）

增值税纳税申报表附列资料（1）

（本期销售情况明细）

税款所属时间：　　　年　　　月

纳税人名称：（公章）　　　　　填表日期：　　年　月　日　　　　　金额单位：元至角分

一、按适用税率征收增值税货物及劳务的销售额和销项税额明细														
项　　目	栏次	应税货物						应税劳务			小　计			
		17％税率			13％税率									
		份数	销售额	销项税额	份数	销售额	销项税额	份数	销售额	销项税额	份数	销售额	销项税额	
防伪税控系统开具的增值税专用发票	1													
非防伪税控系统开具的增值税专用发票	2													
开具普通发票	3													
未开具发票	4	—			—			—			—			
小　计	5＝1＋2＋3＋4				—			—			—			
纳税检查调整	6				—			—			—			
合　计	7＝5＋6				—			—			—			

二、简易征收办法征收增值税货物的销售额和应纳税额明细									
项 目	栏 次	6%征收率			4%征收率			小 计		
		份数	销售额	应纳税额	份数	销售额	应纳税额	份数	销售额	应纳税额
防伪税控系统开具的增值税专用发票	8									
非防伪税控系统开具的增值税专用发票	9									
开具普通发票	10									
未开具发票	11	—			—			—		
小 计	12=8+9+10+11									
纳税检查调整	13	—			—			—		
合 计	14=12+13									

三、免征增值税货物及劳务销售额明细									
项 目	栏 次	免税货物			免税劳务			小 计		
		份数	销售额	税额	份数	销售额	税额	份数	销售额	税额
防伪税控系统开具的增值税专用发票	15				—	—	—			
开具普通发票	16				—		—			—
未开具发票	17				—					
合 计	18=15+16+17				—					—

表 4-3 增值税纳税申报表附列资料示例（2）

增值税纳税申报表附列资料（2）

（本期进项税额明细）

税款所属时间： 年 月

纳税人名称：（公章） 填表日期： 年 月 日 金额单位：元至角分

一、申报抵扣的进项税额				
项 目	栏 次	份 数	金 额	税 额
（一）认证相符的防伪税控增值税专用发票	1			
其中：本期认证相符且本期申报抵扣	2			
前期认证相符且本期申报抵扣	3			
（二）非防伪税控增值税专用发票及其他扣税凭证	4			
其中：海关完税凭证	5			
农产品收购凭证及普通发票	6			
废旧物资发票	7			
运费发票	8			
6%征收率	9			
4%征收率	10			
（三）期初已征税款	11	—	—	
当期申报抵扣进项税额合计	12			

续表

二、进项税额转出额		
项　　目	栏　次	税　　额
本期进项税转出额	13	
其中：免税货物用	14	
非应税项目用	15	
非正常损失	16	
按简易征收办法征税货物用	17	
免抵退税办法出口货物不得抵扣进项税额	18	
纳税检查调减进项税额	19	
未经认证已抵扣的进项税额	20	
	21	

三、待抵扣进项税额				
项　　目	栏　次	份　数	金　额	税　额
（一）认证相符的防伪税控增值税专用发票	22	—	—	
期初已认证相符但未申报抵扣	23			
本期认证相符且本期未申报抵扣	24			
期末已认证相符但未申报抵扣	25			
其中：按照税法规定不允许抵扣	26			
（二）非防伪税控增值税专用发票及其他扣税凭证	27			
其中：海关完税凭证	28			
农产品收购凭证及普通发票	29			
废旧物资发票	30			
运费发票	31			
6％征收率	32			
4％征收率	33			
	34			

四、其　　他				
项　　目	栏　次	份　数	金　额	税　额
本期认证相符的全部防伪税控增值税专用发票	35			
期初已征税款挂账额	36	—		
期初已征税款余额	37	—		
代扣代缴税额	38	—		

注：第 1 栏＝第 2 栏＋第 3 栏＝第 23 栏＋第 35 栏－第 25 栏；第 2 栏＝第 35 栏－第 24 栏；第 3 栏＝第 23
　　栏＋第 24 栏－第 25 栏；第 4 栏等于第 5 栏至第 10 栏之和；
　　第 12 栏＝第 1 栏＋第 4 栏＋第 11 栏；第 13 栏等于第 14 栏至第 21 栏之和；第 27 栏等于第 28 栏至第 34
　　栏之和。

表 4-4　增值税纳税申报表附列资料示例（3）

增值税纳税申报表附列资料（3）

（防伪税控增值税专用发票申报抵扣明细）

申报抵扣所属期：　　年　　月

纳税人识别号：

纳税人名称：（公章）　　　　　　　填表日期：　年　月　日　　　　　金额单位：元至角分

类别	序号	发票代码	发票号码	开票日期	金额	税额	销货方纳税人识别号	认证日期	备注
本期认证相符且本期申报抵扣									
	小计	—		—				—	—
前期认证相符且本期申报抵扣									
	小计	—	—	—			—	—	—
	合 计	—	—	—			—	—	—

注：本表"金额""合计"栏数据应与《附列资料（表二）》第 1 栏中"金额"项数据相等；
　　本表"税额""合计"栏数据应与《附列资料（表二）》第 1 栏中"税额"项数据相等。

表 4-5　增值税纳税申报表附列资料示例（4）

增值税纳税申报表（4）

（防伪税控增值税专用发票存根联明细）

申报所属期：　　年　　月

纳税人识别号：

纳税人名称：（公章）　　　　　填表日期：　　年 月 日　　　　　金额单位：元至角分

序号	发票代码	发票号码	开票日期	购货方纳税人识别号	金额	税额	作废标志
合计	—	—	—	—			—

注：本表"金额""合计"栏数据应等于《附列资料（表一）》第 1、8、15 栏"小计""销售额"项数据之和；
本表"税额""合计"栏数据应等于《附列资料（表一）》第 1 栏"小计""销项税额"、第 8 栏"小计""应纳税额"、第 15 栏"小计""税额"项数据之和。

（3）附报资料即原始计税资料。

① 已开具的增值税专用发票和普通发票存根联。

② 符合抵扣条件并且在本期申报抵扣的增值税专用发票抵扣联。

③ 海关进口货物完税凭证的复印件。

④ 运输发票复印件。

⑤ 收购凭证的存根联或报查联。

⑥ 收购农产品的普通发票复印件。

⑦ 主管税务机关要求报送的其他资料。

（4）《资产负债表》和《利润表》。

3. 纳税申报资料的填报与保管

（1）《增值税纳税申报表》应按照增值税计税方法的规范要求进行填制，一式两联，第一联为申报联，纳税人按期向税务机关申报；第二联为收执联，由纳税人留存，纳税人于申报时应连同申报联交税务机关签章后作为申报的凭证。

(2)《增值税纳税申报表》附表要按相关规定中的填表说明填报。

(3)一般纳税人对增值税纳税申报表的附报资料应按相应报送要求在纳税申报时与《增值税纳税申报表》一起报送主管税务机关，经税务机关审核后将附报资料退还纳税人，纳税人要按《税收征收管理法实施细则》第二十三条的规定妥善保管附报资料。

4. 税款缴纳

办理完纳税申报后，税务部门给纳税人开出一式五联的《中华人民共和国税收通用缴款书》(表 4-6)，纳税人必须在税法规定的期限内缴纳税款。缴纳税款后，纳税人取得国库(银行)收款盖章后退还的《中华人民共和国税收通用缴款书》的第一联，作为其完税凭证。如逾期不缴，按《税收征收管理法》的有关规定处理，即从滞纳税款之日起，按日加收滞纳税款万分之五的滞纳金。

增值税模拟实验见第 2 篇。

表 4-6 中华人民共和国税收缴款书示例

中华人民共和国
税收通用缴款书 ( ) 晋国缴电 号

隶属关系：　　　　　　　　　　　　　　　征收机关：
注册类型：　　　　　　填发日期：

缴款单位(人)	代 码		预算科目	编 码	
	全 称			名 称	
	开户银行			级 次	
	账 号			收款国库	

税款所属时期　　　　　　　　　　税款限缴日期

	品目名称	课税数量	计税金额或销售收入	税率或单位税额	已缴或扣除额	实缴金额
	金额合计					

缴款单位(人)(盖章) 经办人(章)	税务机关(盖章) 填票人(章)	上列款项已收妥并划转收款单位账户 国库(银行)盖章 年 月 日	备 注：

无银行收讫章无效

第一联 (收据) 单位(人)国库(银行)收款盖章后退缴款 国库(银行)作完税凭证

逾期不缴按税法规定加收滞纳金

4.2 增值税小规模纳税人纳税申报程序及模拟实验

小规模纳税人，应在规定的期限内向主管税务机关报送按规定要求填制的《增值税纳税申报表》(表 4-7)办理纳税申报。本申报表为一式两联，第一联为申报联，由纳税人按期向税务机关申报；第二联为收执联，纳税人于申报时连同申报联交税务机关签章后收回作为申报凭证。

表 4-7　增值税纳税申报表示例

增值税纳税申报表

（适用于小规模纳税人）

根据《中华人民共和国增值税暂行条例》第二十二条及第二十三条的规定制定本表。纳税人不论有无销售额，均应按主管税务机关核定的纳税期限填报本表，并于次月 1 日起 10 日内，向当地税务机关申报纳税并结清上月应纳税款。

税款所属时间：自　年　月　日至　年　月　日　　　　填表日期：　年　月　日

纳税人识别号：□□□□□□□□□□□□□□□　　　　　　　　金额单位：元

纳税人名称		法定代表人姓名		营业地址		
开户银行及账号		经济类型		电话号码		
		销售额	征收率	本期应纳税额	截至上期累计欠税额	本期已清理欠税额
		1	2	3=1×2	4	5

授权代理人	（如果你已委托代理申报人，请填写下列资料） 为代理一切税务事宜。现授权 　　　　（地址） 　为本纳税人的代理申报人。任何于本申报表有关的往来文件，都可寄与此人。 　授权人签字：		声明	此纳税申报表是根据《中华人民共和国增值税暂行条例》的规定填报的，我确信它是真实的、可靠的、完整的。 　　　　　声明人签字：

会计主管签字：　　　　代理申报人签字：　　　　　纳税人盖章：

以下由税务机关填写：

收到日期		接收人		审核日期		主管税务机关盖章： 核 收 人 签 字：
审核记录						

实验 4.1：某商店为增值税小规模纳税人，2012 年 10 月，取得零售收入总额 14.56 万元。计算该商店 2012 年 10 月应缴纳的增值税税额并填写《增值税纳税申报表》。

4.3　消费税纳税申报程序及模拟实验

1. 纳税期限

纳税人以一个月为一期纳税的，自期满之日起 10 日内申报纳税；以 1 日、3 日、5 日、10 日或者 15 日为期纳税的，自期满之日起 5 日内预缴税款，于次月 1 日起 10 日内申报纳税并结清上月应纳税款。纳税人进口应税消费品，应当自海关填发税款缴纳书的次日起 15 日内缴纳税款。

2. 纳税申报

消费税纳税申报包括销售自产应税消费品的纳税申报；委托加工应税消费品代收代缴申报；出口应税消费品的免税或退税申报。

（1）自产应税消费品的纳税申报。自产应税消费品于销售环节纳税，自产自用的于移送使用时纳税。消费税纳税人应按有关规定及时办理纳税申报，并应如实填写《消费税纳税申报表》（表 4-8），在规定的期限内向主管税务机关报送《消费税纳税申报表》及会计报表。《消费税纳税申报表》一式三联，第一联纳税人留存；第二联由主管税务机关留存；第三联税务机关做税收会计原始凭证。

表 4-8　消费税纳税申报表示例

消费税纳税申报表

填表日期：　　年　　月　　日

纳税人识别号：□□□□□□□□□□□□□□□　　　　金额单位：元（列至角分）

应税消费品名称	适用税目	应税销售额（数量）	适用税率（单位税额）	当期准予扣除外购应税消费品买价（数量）				外购应税消费品适用税率（单位税额）
				合　计	期初库存外购应税消费品买价数量	当期购进外购应税消费品买价数量	期末库存外购应税消费品买价数量	
1	2	3	4	5＝6＋7－8	6	7	8	9
合计								

应纳消费税		当期准予扣除外购应税消费品已纳税款	当期准予扣除委托加工应税消费品已纳税款			
本期	累计		合　计	期初库存委托加工应税消费品已纳税款	当期收回委托加工应税消费品已纳税款	期末库存委托加工应税消费品已纳税款
15＝3×4－10 或 3×4－11 或 3×4－10－11	16	10＝5×9	11＝12＋13－14	12	13	14

已纳消费税		本期应补（退）税金额			
本期	累计	合　计	上期结算税金额	补交本年度欠税	补交以前年度欠税
17	18	19＝15－17＋20＋21＋22	20	21	22

续表

截至上年底累计欠税额	本年度新增欠税额	
	本期	累计
23	24	25

如纳税人填报，由纳税人填写以下各栏		如委托代理人填报，由代理人填写以下各栏		备注
会计主管 （签章）	纳税人 （公章）	代理人名称	代理人 （公章）	
		代理人地址		
		经办人	电话	
以下由税务机关填写				
收到申报表日期		接收人		

（2）委托加工应税消费品的纳税申报。委托加工的应税消费品，由受托方办理代收代缴消费税申报。在委托方提货时，由受托方代收代缴消费税并在当期办理申报手续，如实填写《代收代缴消费税申报表》（因报表项目内容单一，可用消费税纳税申报表代替），向主管税务机关报送。

3. 税款缴纳

消费税税款交纳同增值税的税款缴纳。

实验 4.2：某化妆品生产企业为增值税一般纳税人，2012 年 11 月 10 日向某大型商场销售化妆品一批，开具增值税专用发票，取得不含增值税销售额 40 万元，增值税额 6.8 万元；11 月 25 日向某单位销售化妆品一批，开具普通发票，取得含增值税销售额 5.85 万元。计算该企业 11 月份应缴纳的消费税额并填写《消费税纳税申报表》。

4.4　营业税纳税申报程序及模拟实验

1. 纳税期限

纳税人以一个月为一期纳税的，自期满之日起 10 日内申报纳税；以 5 日、10 日或者 15 日为一期纳税的，自期满之日起 5 日内预缴税款，于次月 1 日起 10 日内申报纳税并结清上月应纳税款。扣缴义务人的解缴税款期限，比照上述规定执行。金融业（不包括典当业）的纳税期限为一个季度，自纳税期满之日起 10 日内申报纳税。其他纳税人从事金融业务，应按月申报纳税。保险业的纳税期限为一个月。

2. 纳税申报

（1）营业税纳税企业应按《营业税暂行条例》有关规定及时办理纳税申报，并如实填写《营业税纳税申报表》（表 4-9），按规定期限向主管税务机关报送《营业税纳税申报表》、会计报表及其他计税资料。

（2）代扣代缴的营业税要履行报缴税款手续，营业税扣缴义务人办理营业税扣缴手续时须填写《营业税扣缴报告表》，除特殊规定外一般应在扣缴税款 5 日内向主管税务机关报送营业税扣缴报告表和其他附送资料。

（3）金融保险业营业税实行电子申报方法，纳税人在申报纳税时，按规定期限向主管税务机关报送《金融保险业营业税纳税申报表》（表 4-10），同时还须报送下列资料：

① 《贷款（含贴现、押汇、透支等）利息收入明细表》。

② 《外汇转贷利息收入明细表》（表 4-11）。

③ 《委托贷款利息收入明细表》。

④ 《融资租赁收入明细表》（表 4-12）。

⑤ 《自营买卖股票价差收入明细表》。

⑥ 《自营买卖债券价差收入明细表》。

⑦ 《自营买卖外汇价差收入明细表》。

⑧ 《自营买卖其他金融商品价差收入明细表》。

⑨ 《金融经纪业务及其他金融业务收入月汇总明细表》。

⑩ 《保费收入明细表》。

⑪ 《储金业务收入明细表》（表 4-13）。

⑫ 主管税务机关规定的其他资料。

表 4-9 营业税纳税申报表示例

营业税纳税申报表

纳税人识别号：□□□□□□□□□□□□□□□　　　　　　金额单位：元（列至角分）

纳税人名称							税款所属时期				
项目	经营项目	营业额					税率	本期			
		全部收入	不征税项目	减除项目	减免税项目	应税营业额		应纳税额	减免税额	已纳税额	应补（退）税额
1	2	3	4	5	6	7=3-4-5-6	8	9=7×8	10=6×8	11	12
合计											
如纳税人填报，由纳税人填写以下各栏				如委托代理人填报，由代理人填写以下各栏							备注
会计主管（签章）		纳税人（公章）		代理人名称						代理人（公章）	
				地址							
				经办人			电话				
以下由税务机关填写											
收到申报表日期					接收人						

表 4-10 金融保险业营业税纳税申报表示例

金融保险业营业税纳税申报表

纳税人识别号：□□□□□□□□□□　　填表日期：　年　月　日　金额单位：元（列至角分）

纳税人名称								税款所属时间：自 年 月 日至 年 月 日			
经营项目	营业额						税率	本期			
	应税全部收入	应税减除项目数	应税营业额	免税全部收入	免税减除项目数	免税营业额		应纳税额	免(减)税额	已纳税额	应补(退)税额
1	2	3	4=2-3	5	6	7=5-6	8	9=4×8	10=7×8	11	12=9-11
一般贷款											
外汇转贷											
融资转贷											
买卖股票											
买卖债券											
买卖外汇											
买卖其他金融商品											
金融经纪业务和其他金融业务											
保险业务											
储金业务											
其 他											
以上合计											
代扣代缴税款											
金融机构往来收入											
投资收益											

如纳税人填报,由纳税人填写以下各栏		如委托代理人填报,由代理人填写以下各栏		备 注
会计主管 （签章）：	法人代表或单位负责人： （签章）	代理人名称		代理人 （签章）
		代理人地址		
		经办人	电话	
以 下 由 税 务 机 关 填 写				
收到申报表日期		接 收 人		

表 4-11　外汇转贷利息收入明细表示例附表 1

外汇转贷利息收入明细表

纳税人名称（章）　　　　　　　填表日期：　　年　月　日　　　　　金额单位：元（列至角分）

识别号	起讫日期	货币名称	折合率	贷款本金		贷出月利率	本期本金产生利息收入		本期实收表外利息收入		贷入月利息	本期转贷利息支出		本期冲减利息		本期应税利息收入	备注
				原币	折人民币		原币	折人民币	原币	折人民币		原币	折人民币	原币	折人民币		
合计	—	—			—	—							—			—	—

本期期初冲减利息		本期应税利息收入总计	

填表人：　　　　　　　　　　审核人：　　　　　　　　　　单位负责人：

表 4-12　融资租赁收入明细表示例附表 2

融资租赁收入明细表

纳税人名称（章）　　　　　　　填表日期：　　年　月　日　　　　　金额单位：元（列至角分）

识别号	合同起讫日期	本期计息起讫日期	货币名称	折合率	租金收入		出租货物实际成本		本期利息收入
					原币	折人民币	原币	折人民币	
合　计		—		—	—			—	

填表人：　　　　　　　　　　审核人：　　　　　　　　　　单位负责人：

表 4-13 储金业务收入明细表示例附表 3

储金业务收入明细表

纳税人名称（章）　　　　　填表日期：　年　月　日　　金额单位：元（列至角分）

保 险 种 类	货币名称	折合率	期初储金余额	期末储金余额	月利率	应税收入	折人民币应税收入	免税收入	折人民币免税收入
一、财产保险									
1. 企业财产保险									
2. 家庭财产保险									
3. 机动车辆及第三者责任保险									
4. 飞机保险及飞机责任保险									
5. 船舶保险									
6. 货物运输保险									
7. 建筑工程及安装工程及其责任保险									
8. 机器损失保险									
9. 航天保险									
10. 核电站保险									
11. 能源保险									
12. 其他财产保险									
二、责任保险									
1. 产品责任保险									
2. 雇主责任保险									
3. 公众责任保险									
4. 其他责任保险									
三、信用保险									
四、保证保险									
五、农业保险									
六、人寿保险									
1. 养老金保险									
2. 普通人寿保险									
3. 健康保险									
4. 意外人身伤害保险									
5. 其他人寿保险									
合　　计	—	—			—				

填表人：　　　　　审核人：　　　　　单位负责人：

各种报表按填表说明的要求填写，分别向国、地税机关各报送一式三份，税务机关签收后，一份退还纳税人，两份留存。

3. 税款缴纳

营业税税款缴纳同增值税的税款缴纳。

实验 4.3：某运输公司 2012 年 8 月取得如下营业收入：本月集装箱装箱收入 160 000 元；本月代收验箱费、提箱费 38 000 元；本月集装箱运输收入 250 000 元，集装箱租赁收入 120 000 元；本月取得货运代理收入 95 000 元。计算该运输公司 8 月份应缴纳的营业税额并填写《营业税纳税申报表》。

4.5 企业所得税纳税申报程序及模拟实验

1. 企业所得税征收缴纳方法

企业所得税法规定，缴纳企业所得税，按年计算，分月或者分季预缴。月份或者季度终了后 15 日内预缴，年度终了后 4 个月内汇算清缴，多退少补。纳税人应当在月份或者季度终了后 15 日内，向其所在地主管税务机关报送会计报表和《企业所得税预缴纳税申报表》（表 4-14），预缴所得税；年度终了后，汇总纳税的成员企业应在 45 日内进行纳税申报；就地纳税企业和汇总纳税的总机构应在次年 4 月底前进行纳税申报；进行寿险业务的企业应在次年 6 月底前进行纳税申报。

表 4-14 所得税预缴纳税申报表示例

企业所得税预缴纳税申报表

税款所属期间：   年 月 日至   年 月 日

纳税人识别号：□□□□□□□□□□□□□□□□□   金额单位：元（列至角分）

纳税人名称		
项　　目	行次	累计金额
实行据实预缴的纳税人填列以下第 1—11 行：		
利润总额	1	
加：纳税调整增加额	2	
减：纳税调整减少额	3	
减：弥补以前年度亏损	4	
应纳税所得额（1+2−3−4）	5	
适用税率	6	
应纳所得税额（5×6）	7	
减免所得税额	8	
汇总纳税成员企业就地预缴比例	9	
实际已预缴的所得税额	10	

续表

纳税人名称		
项　目	行次	累计金额
应补（退）的所得税额 【(7－8－10)或(7－8)×9－10】	11	
实行按上年实际数分期预缴的纳税人填列以下第12—14行：		
上一年度实际缴纳的企业所得税额	12	
本季（月）应预缴所得税额（12行÷4或12行÷12）	13	
本年实际已预缴的所得税额	14	
纳税人公章： 经办人： 申报日期：　　年　月　日	代理申报中介机构公章： 经办人执业证件号码： 代理申报日期：　　年　月　日	主管税务机关受理专用章： 受理人： 受理日期：　　年　月　日

　　纳税人在纳税年度内无论盈利或亏损，都应当按照规定的期限，向当地主管税务机关报送所得税申报表和年度会计报表。

2. 纳税申报

　　企业所得税纳税义务人在月份或者季度终了后15日内报送申报表及月份或者季度财务报表，履行月份或者季度纳税申报手续。年度终了后45日内向其所在地主管税务机关报送按规定的填报要求填写的《企业所得税年度纳税申报表》（表4-15）、年度会计决算报表及附报资料（即申报表的附表），履行年度纳税申报手续。附报资料包括：企业所得税年度纳税申报表附表一至附表十三，见表4-16～表4-28。

表 4-15　所得税年度纳税申报表示例

企业所得税年度纳税申报表

税款所属期间：　　年　月　日至　　年　月　日

纳税人识别号：☐☐☐☐☐☐☐☐☐☐☐☐☐☐☐　　　　金额单位：元（列至角分）

纳税人名称：			
	行次	项　目	金额
收 入 总 额	1	销售（营业）收入（请填附表一）	
	2	投资收益（请填附表三）	
	3	投资转让净收入（请填附表三）	
	4	补贴收入	
	5	其他收入（请填附表一）	
	6	收入总额合计（1＋2＋3＋4＋5）	

续表

纳税人名称：			
	行次	项 目	金额
扣除项目	7	销售（营业）成本（请填附表二）	
	8	主营业务税金及附加	
	9	期间费用（请填附表二）	
	10	投资转让成本（请填附表三）	
	11	其他扣除项目（请填附表二）	
	12	扣除项目合计（7＋8＋9＋10＋11）	
应纳税所得额的计算	13	纳税调整前所得（6－12）	
	14	加：纳税调整增加额（请填附表四）	
	15	减：纳税调整减少额（请填附表五）	
	16	纳税调整后所得（13＋14－15）	
	17	减：弥补以前年度亏损（请填附表六）17≤16	
	18	减：免税所得（请填附表七）18≤16－17	
	19	加：应补税投资收益已缴所得税额	
	20	减：允许扣除的公益救济性捐赠额（请填附表八）	
	21	减：加计扣除额（21≤16－17－18＋19－20）	
	22	应纳税所得额（16－17－18＋19－20－21）	
应纳所得税额的计算	23	适用税率	
	24	境内所得应纳所得税额（22×23）	
	25	减：境内投资所得抵免税额	
	26	加：境外所得应纳所得税额（请填附表九）	
	27	减：境外所得抵免税额（请填附表九）	
	28	境内、外所得应纳所得税额（24－25＋26－27）	
	29	减：减免所得税额（请填附表七）	
	30	实际应纳所得税额（28－29）	
	31	汇总纳税成员企业就地预缴比例	
	32	汇总纳税成员企业就地应预缴的所得税额（30×31）	
	33	减：本期累计实际已预缴的所得税额	
	34	本期应补（退）的所得税额	
	35	附：上年应缴未缴本年入库所得税额	

纳税人声明：此纳税申报表是根据《中华人民共和国企业所得税暂行条例》及其实施细则和国家有关税收规定填报的，是真实的、完整的。

法定代表人（签字）： 年 月 日

纳税人公章：	代理申报中介机构公章：	主管税务机关受理专用章：
经办人：	经办人执业证件号码：	受理人：
申报日期： 年 月 日	代理申报日期： 年 月 日	受理日期： 年 月 日

（1）销售（营业）收入及其他收入明细表（企业所得税年度纳税申报表附表一）
（表 4-16）。

表 4-16　销售（营业）收入及其他收入明细表示例

销售（营业）收入及其他收入明细表

填报时间：　　　年　月　日　　　　　　　　　　金额单位：元（列至角分）

行次	项目	金额
1	一、销售（营业）收入合计（2＋7＋12）	
2	1. 主营业务收入（3＋4＋5＋6）	
3	（1）销售商品	
4	（2）提供劳务	
5	（3）让渡资产使用权	
6	（4）建造合同	
7	2. 其他业务收入（8＋9＋10＋11）	
8	（1）材料销售收入	
9	（2）代购代销手续费收入	
10	（3）包装物出租收入	
11	（4）其他	
12	3. 视同销售收入（13＋14＋15）	
13	（1）自产、委托加工产品视同销售的收入	
14	（2）处置非货币性资产视同销售的收入	
15	（3）其他视同销售的收入	
16	二、其他收入合计（17＋24）	
17	1. 营业外收入（18＋19＋…＋23）	
18	（1）固定资产盘盈	
19	（2）处置固定资产净收益	
20	（3）非货币性资产交易收益	
21	（4）出售无形资产收益	
22	（5）罚款净收入	
23	（6）其他	
24	2. 税收上应确认的其他收入（25＋26＋27＋28＋29）	
25	（1）因债权人原因确实无法支付的应付款项	
26	（2）债务重组收益	
27	（3）接受捐赠的资产	
28	（4）资产评估增值	
29	（5）其他	

经办人（签章）：　　　　　　　　　　　法定代表人（签章）：

（2）成本费用明细账（企业所得税年度纳税申报表附表二）（表 4-17）。

表 4-17　成本费用明细账示例

成本费用明细账

填报时间：　　年　月　日　　　　　　　　　　　金额单位：元（列至角分）

行次	项　目	金额
1	一、销售（营业）成本合计（2＋7＋13）	
2	1. 主营业务成本（3＋4＋5＋6）	
3	（1）销售商品成本	
4	（2）提供劳务成本	
5	（3）让渡资产使用权成本	
6	（4）建造合同成本	
7	2. 其他业务支出（8＋9＋10＋11＋12）	
8	（1）材料销售成本	
9	（2）代购代销费用	
10	（3）包装物出租成本	
11	（4）相关税金及附加	
12	（5）其他	
13	3. 视同销售成本（14＋15＋16）	
14	（1）自产、委托加工产品视同销售成本	
15	（2）处置非货币性资产视同销售成本	
16	（3）其他视同销售成本	
17	二、其他扣除项目合计（18＋26）	
18	1. 营业外支出（19＋20＋…＋25）	
19	（1）固定资产盘亏	
20	（2）处置固定资产净损失	
21	（3）出售无形资产损失	
22	（4）债务重组损失	
23	（5）罚款支出	
24	（6）非常损失	
25	（7）其他（包括三项减值准备）	
26	2. 税收上应确认的其他成本费用（27＋28）	
27	（1）资产评估减值	
28	（2）其他	
29	三、期间费用合计（30＋31＋32）	
30	1. 销售（营业）费用	
31	2. 管理费用	
32	3. 财务费用	

经办人（签章）：　　　　　　　　　　　　法定代表人（签章）：

（3）投资所得（损失）明细表（企业所得税年度纳税申报表附表三）（表4-18）。

表 4-18　投资所得（损失）明细表示例

投资所得（损失）明细表

填报时间：　　年　月　日　　　　　　　　　　　　　　　　金额单位：元（列至角分）

行次	投资资产种类	被投资企业所在地	占被投资企业权益比例	被投资企业适用企业所得税税率	投资收益（持有收益）	应补税的投资收益已纳企业所得税	投资转让所得或损失（处置收益）				
							投资转让净收入	投资转让成本			投资转让所得或损失
								初始投资成本	计税成本调整	投资转让成本	
		1	2	3	4	5	6	7	8	9	10
1	一、债权投资（小计）										
2	（一）短期债权投资（小计）										
3											
4											
5											
6	（二）长期债权投资（小计）										
7											
8											
9											
10	二、股权投资（小计）										
11	（一）短期股权投资（小计）										
12											
13											
14	（二）长期股权投资（小计）										
15											
16											
17	合计										
补充资料											
1. 以前年度结转在本年度税前扣除的股权投资转让损失					2. 本年度股权投资转让损失税前扣除限额						
3. 投资转让净损失纳税调整额					4. 投资转让净损失结转以后年度扣除金额（累计）						

经办人（签章）：　　　　　　　　　　　　　　　　法定代表人（签章）：

（4）纳税调整增加项目明细表（企业所得税年度纳税申报表附表四）（表 4-19）。

表 4-19　纳税调整增加项目明细表示例

纳税调整增加项目明细表

填报时间：　　　年　月　日　　　　　　　　　　　　　　金额单位：元（列至角分）

行次	项　目	本期发生数	税前扣除限额	纳税调增金额
		1	2	3
1	工资薪金支出			
2	工会经费			
3	职工福利费			
4	职工教育经费			
5	利息支出			
6	业务招待费			
7	本期转回以前年度确认的时间性差异			
8	折旧、摊销支出			
9	广告支出			
10	业务宣传费			
11	销售佣金			
12	股权投资转让净损失			
13	财产损失			
14	坏账准备金			
15	各类社会保障性缴款			
16	其中：基本养老保险			
17	失业保险			
18	基本医疗保险			
19	基本生育保险			
20	工伤保险			
21	补充养老保险			
22	补充医疗保险			
23	上缴总机构管理费			
24	住房公积金			
25	本期增提的各项准备金			
26	其中：存货跌价准备			
27	固定资产减值准备			
28	无形资产减值准备			

续表

行次	项 目	本期发生数	税前扣除限额	纳税调增金额
		1	2	3
29	在建工程跌价准备			
30	自营证券跌价准备			
31	呆账准备			
32	保险责任准备金提转差			
33	其他准备			
34	罚款支出			
35	与收入无关的支出			
36	本期预售收入的预计利润 （房地产业务填报）			
37	其他纳税调增项目			
38	1.			
39	2.			
40	3.			
41	合计			

经办人（签章）：　　　　　　　　　　　　　法定代表人（签章）：

（5）纳税调整减少项目明细表（企业所得税年度纳税申报表附表五）（表4-20）。

表 4-20　纳税调整减少项目明细表示例

纳税调整减少项目明细表

填报时间：　　年　月　日　　　　　　　　　　金额单位：元（列至角分）

行次	项 目	纳税调减金额
1	工效挂钩企业用"工资基金结余"发放的工资	
2	以前年度结转在本年度扣除的广告费支出	
3	以前年度结转在本年度扣除的股权投资转让损失	
4	在应付福利费中列支的基本医疗保险	
5	在应付福利费中列支的补充医疗保险（可税前扣除的部分）	
6	以前年度进行了纳税调整增加、在本年度发生了减提的各项准备金	
7	其中：坏账准备	
8	存货跌价准备	
9	固定资产减值准备	
10	无形资产减值准备	
11	在建工程减值准备	
12	自营证券跌价准备	

续表

行次	项　　目	纳税调减金额
13	呆账准备	
14	保险责任准备金提转差	
15	其他准备	
16	本期已转销售收入的预售收入的预计利润（房地产业务填报）	
17	其他纳税调减项目	
18	1.	
19	2.	
20	3.	
21	合计	

经办人（签章）：　　　　　　　　　　　　　　　法定代表人（签章）：

（6）税前弥补亏损明细表（企业所得税年度纳税申报表附表六）（表 4-21）。

表 4-21　税前弥补亏损明细表示例

税前弥补亏损明细表

填报时间：　　　年　　月　　日　　　　　　　　　金额单位：元（列至角分）

行次	项目	年度	亏损或盈利额	合并分立企业转入可弥补亏损额	合计	在亏损年度以后已弥补过的亏损额					本年度可弥补的亏损额	可结转下一年度弥补的亏损额
						第二年	第三年	第四年	第五年	合计		
		1	2	3	4	5	6	7	8	9	10	11
1	第一年											
2	第二年											
3	第三年											
4	第四年											
5	第五年											
6	本年											
7	可结转下一年度弥补的亏损额合计											

经办人（签章）：　　　　　　　　　　　　　　　法定代表人（签章）：

（7）免税所得及减免税明细表（企业所得税年度纳税申报表附表七）（表 4-22）。

表 4-22　免税所得及减免税明细表

免税所得及减免税明细表

填报时间：　　　年　　月　　日　　　　　　　　　　金额单位：元（列至角分）

行次	项　　目	金额
1	一、免税所得合计(2＋3＋…＋9)	
2	国债利息所得	
3	免税的补贴收入	
4	免税的纳入预算管理的基金、收费或附加	
5	免于补税的投资收益	
6	免税的技术转让收益	
7	免税的治理"三废"收益	
8	种植业、养殖业及农林产品初加工所得	
9	其他免税所得	
10	二、减免所得税额合计(11＋17＋18＋26＋31＋34＋42＋51＋52＋53＋54＋60＋61)	
11	(一)高新技术企业及技术进步(12＋13＋…＋16)	
12	其中:1. 高新技术开发区	
13	2. 软件、集成电路	
14	3. 非营利科研机构	
15	4. 科研机构转制为企业 5 年免税	
16	5. 其他	
17	(二)基础设施建设减免	
18	(三)各类区域优惠减免(19＋20＋…＋25)	
19	其中:1. 西部大开发减免	
20	2. 西气东输	
21	3. 东北老工业基地减免	
22	4. 民族自治区域减免	
23	5. 老少边穷减免	
24	6. 天津滨海新区的高新技术企业	
25	7. 其他	
26	(四)农业减免(27＋28＋29＋30)	
27	其中:1. 农业产业化龙头企业免税	
28	2. 农业产前、产中、产后服务业	
29	3. 远洋捕捞业免税	
30	4. 其他	
31	(五)第三产业减免(32＋33)	

续表

行次	项　　目	金额
32	其中:1. 新办的服务型企业	
33	2. 其他减免	
34	(六)文教卫生减免(35＋36＋…＋41)	
35	其中:1. 青少年活动中心	
36	2. 非营利医疗机构	
37	3. 中央电视台	
38	4. 学校培训班收入	
39	5. 高校后勤减免	
40	6. 29 届奥运会免税	
41	7. 其他	
42	(七)促进就业减免(43＋44＋…＋50)	
43	其中:1. 民政福利企业	
44	2. 劳服企业	
45	3. 下岗失业人员再就业	
46	4. 随军家属企业	
47	5. 军转干部企业	
48	6. 国有企业主辅分离企业	
49	7. 老年服务机构	
50	8. 其他减免	
51	(八)资源综合利用减免	
52	(九)劳改劳教减免	
53	(十)军队企业减免	
54	(十一)金融类减免(55＋56＋…＋59)	
55	其中:1. 农信社	
56	2. 国有独资银行	
57	3. 开放式基金	
58	4. 封闭式基金	
59	5. 其他	
60	(十二)自然灾害减免	
61	(十三)其他减免	
62	三、抵免所得税额合计(63＋64＋65)	
63	购买国产设备投资抵免所得税	
64	其他	
65	经济特区、上海浦东新区低税率	

经办人(签章):　　　　　　　　　　　　　　　法定代表人(签章):

(8) 捐赠支出明细表（企业所得税年度纳税申报表附表八）（表 4-23）。

表 4-23　捐赠支出明细表示例

捐赠支出明细表

填报时间：　　　年　月　日　　　　　　　　　　　　　　金额单位：元（列至角分）

行次	捐赠项目	非营利社会团体或国家机关名称	金额	捐赠扣除比例	扣除限额	允许税前扣除的公益救济性捐赠额
		1	2	3	4	5. 当 2<4 时,5=2 当 2>4 时,5=4
1	一、公益救济性捐赠合计					
2	（一）全额扣除的捐赠合计			100%		
3	1.					
4	2.					
5	3.					
6	（二）按 10％扣除的捐赠合计			10%		
7	1.					
8	2.					
9	3.					
10	（三）按 3％扣除的捐赠合计			3%		
11	1.					
12	2.					
13	3.					
14	（四）按 1.5％扣除的捐赠合计			1.5%		
15	1.					
16	2.					
17	3.					
18	二、非公益救济性捐赠合计					
19	1.					
20	2.					
21	3.					
22	三、合计					

经办人（签章）：　　　　　　　　　　　　法定代表人（签章）：

(9) 境外所得税抵扣计算明细表（企业所得税年度纳税申报表附表九）（表4-24）。

表 4-24　境外所得税抵扣计算明细表示例

境外所得税抵扣计算明细表

填报时间：　　年　月　日　　　　　　　　　　　　　金额单位：元(列至角分)

国家	境外所得	弥补以前年度亏损	免税所得	境外应纳税所得额	法定税率	境外所得应纳税额	境外已缴纳的所得税额	境外所得税扣除限额	超过境外所得税扣除限额的余额	本年可抵扣以前年度所得税额	前5年境外所得已缴税款未抵扣余额	定率抵扣额
1	2	3	4	5(2-3-4)	6	7(5×6)	8	9	10(8-9)	11	12	13
合计												

经办人(签章)：　　　　　　　　　　　　　　法定代表人(签章)：

　　(10) 广告费支出明细表(企业所得税年度纳税申报表附表十)(表 4-25)。

表 4-25　广告费支出明细表示例

广告费支出明细表

填报时间：　　年　月　日　　　　　　　　　　　　金额单位：元(列至角分)

行次	项　　目	金额
1	广播电视广告	
2	报纸杂志广告	
3	其他媒体广告	
4	合计(1+2+3)	
5	其中:不符合条件的广告费支出	
6	本年计算广告费扣除限额的销售(营业)收入	
7	税收规定的扣除率	
8	本年广告费扣除限额(6×7)	
9	本年广告费支出纳税调整额[(4-5)≤8,本行=5行;(4-5)>8,本行=4-8]	
10	本年结转以后年度扣除额[(4-5)>8,本行=(4-5)-8,(4-5)≤8 本行=0]	
11	加:以前年度累计结转扣除额	
12	减:本年扣除的以前年度结转额	
13	累计结转以后年度扣除额	

经办人(签章)：　　　　　　　　　　　　　　法定代表人(签章)：

（11）工资薪金和工会经费等三项经费明细表（企业所得税年度纳税申报表附表十一）（表 4-26）。

表 4-26　工资薪金和工会经费等三项经费明细表示例

工资薪金和工会经费等三项经费明细表

填报时间：　　　年　月　日　　　　　　　　　　　　　　金额单位:元（列至角分）

非工效挂钩企业							工效挂钩企业						
行次	项目	工资薪金	三项费用			小计	行次	项目	工资薪金	三项费用			小计
			工会经费	职工福利费	职工教育经费					工会经费	职工福利费	职工教育经费	
		1	2	3	4	5＝2+3+4			1	2	3	4	5＝2+3+4
1	生产成本						1	生产成本					
2	制造费用						2	制造费用					
3	销售（营业）费用						3	销售（营业）费用					
4	管理费用						4	管理费用					
5	在建工程						5	在建工程					
6	合计						6	合计					
7	实际发放额						7	实际发放额					
8	本期核准计税人数						8	其中:批准的工效挂钩工资总额					
9	计税工资标准						9	其中:动用结余额					
10	本期税前扣除限额						10	本期纳税调增额					
11	本期纳税调增额						11	本期纳税调减额					
							12	本年结余额					
							13	加:以前年度结余额					
							14	减:本年动用结余额					
							15	本期累计结余额					

经办人(签章)：　　　　　　　　　　　　　　　法定代表人(签章)：

（12）资产折旧、摊销明细表（企业所得税年度纳税申报表附表十二）（表 4-27）。

表 4-27 资产折旧、摊销明细表示例

资产折旧、摊销明细表

填报时间： 年 月 日　　　　　　　　　　　　　　　　金额单位:元(列至角分)

行次	资产类别	本期计提折旧摊销的资产平均原值或折余价值	本期资产折旧或摊销额						应予调整的资产平均价值	本期资产计税成本	允许税前扣除的折旧或摊销额	本期纳税调整增加额或减少额	本期转回以前年度确认的时间性差异	可抵减时间性差异的计算			
			小计	计入制造费用	计入管理费用	计入营业费用	计入在建工程	计入其他						本年结转以后年度扣除的折旧或摊销额	以前年度结转额	本年税前扣除额	累计结转以后年度扣除或摊销额
		1	2	3	4	5	6	7	8	9	10	11	12	13	14	15	16
1	固定资产小计																
2	房屋建筑物																
3	机器设备																
4	电子设备运输工具																
5	无形资产小计																
6	专利权																
7	非专利技术																
8	商标权																
9	著作权																
10	使用权																
11	商誉																
12	其他																
13	其他资产小计																
14	开办费																
15	长期待摊费																
16	其他																
17	合计																

经办人(签章)：　　　　　　　　　　　　　　　　法定代表人(签章)：

（13）坏账损失明细表（企业所得税年度纳税申报表附表十三）（表4-28）。

表 4-28　坏账损失明细表示例

坏账损失明细表

填报时间：　　　年　月　日　　　　　　　　　　　金额单位：元(列至角分)

行次	项　　目	会计金额	税收金额	纳税调整额
		1	2	3
1	期初坏账准备金额			
2	本期核销的坏账损失			
3	本期收回已核销的坏账损失			
4	计提坏账准备的应收账款余额			
5	本期增(减)提的坏账准备			
6	期末坏账准备余额			

经办人(签章)：　　　　　　　　　　　法定代表人(签章)：

3. 税款缴纳

企业所得税缴纳同增值税的税款缴纳。

实验 4.4： 某企业适用的所得税税率为 25%，2012 年度全年实现的税前会计利润为 1 887.80 万元。其中：

（1）营业收入 6 000 万元。

（2）投资收益 250 万元，其中取得国债利息收入 50 万元。

（3）罚款收入 20 万元。

（4）营业成本 750 万元。

（5）营业税金及附加 2 000 元。

（6）期间费用合计 3 475 万元。其中：

① 实际发放的工资总额 600 万元，但核定的计税工资总额为 480 万元。

② 全年实际列支的职工福利费、按规定比例计提的工会经费和职工教育经费共计 105 万元。

③ 利息净支出 150 万元。其中年初向恒通贸易公司借款 20 万元用于生产经营，年利率 12%，金融机构同类、同期贷款利率为 6%。

④ 业务招待费 40 万元。

⑤ 列入管理费用的各项税金 20 万元。

⑥ 提取的坏账准备金 160 万元，按税法规定，可在交纳所得税前扣除的金额为 30 万元。

⑦ 广告费支出 250 万元。

⑧ 固定资产折旧 1 200 万元。其中：该企业 2012 年 1 月 1 日开始使用的某项固定资产原价 108 万元，会计上采用直线法分 3 年计提折旧，税法规定按直线法分 5 年计提折旧（假设不考虑净残值因素）。

⑨ 计提存货跌价准备 100 万元。

⑩差旅费 50 万元,会议费 20 万元,运输、装卸、包装、展览费等销售费用 200 万元,劳动保护费 80 万元,无形资产摊销 500 万元。

(7)缴纳税收滞纳金 10 000 元,通过非盈利的社会团体向贫困地区公益救济性捐赠 100 000 元。

另外,本年度已预缴企业所得税累计 500 万元。计算该企业 2012 年度应缴纳的所得税额并填写《企业所得税年度纳税申报表》。

4.6　个人所得税纳税申报程序及模拟实验

个人所得税的纳税办法有自行申报纳税和代扣代缴两种。

1. 自行申报纳税

(1)纳税期限。年所得 12 万元以上的纳税人,在纳税年度终了后 3 个月内向主管税务机关办理纳税申报。个体工商户和个人独资、合伙企业投资者取得的生产、经营所得应纳的税款,分月预缴的,纳税人在每月终了后 7 日内办理纳税申报;分季预缴的,纳税人在每个季度终了后 7 日内办理纳税申报;纳税年度终了后,纳税人在 3 个月内进行汇算清缴。纳税人年度一次性取得对企事业单位的承包经营、承租经营所得的,自取得所得之日起 30 日内办理纳税申报;在一个纳税年度内分次取得承包经营、承租经营所得,在每次取得所得后的次月 7 日内申报预缴,纳税年度终了后 3 个月内汇算清缴。从中国境外取得所得的纳税人,在纳税年度终了后 30 日内向中国境内主管税务机关办理纳税申报。除以上规定的情形外,纳税人取得其他各项所得须申报纳税的,在取得所得的次月 7 日内向主管税务机关办理纳税申报。

(2)纳税申报。纳税人可以采取数据电文、邮寄等方式申报,也可以直接到主管税务机关申报,或者采取符合主管税务机关规定的其他方式申报。纳税人也可以委托有税务代理资质的中介机构或者他人代为办理纳税申报。

年所得 12 万元以上的纳税人,无论取得的各项所得是否已足额缴纳了个人所得税,都应于纳税年度终了后向主管税务机关办理纳税申报。应当填写《个人所得税纳税申报表(适用于年所得 12 万元以上的纳税人申报)》(表 4-29),并在办理纳税申报时报送主管税务机关,同时报送个人有效身份证件复印件,以及主管税务机关要求报送的其他有关资料。《个人所得税月份申报表》(表 4-30)。

表 4-29　个人所得税纳税申报表示例

个人所得税纳税申报表

（适用于年所得 12 万元以上的纳税人申报）

纳税人识别号：

纳税人名称（签字或盖章）：

税款所属期：　　　　　　　　　　　　　　填表日期：　　　年　　月　　日

金额单位：元（列至角分）

纳税人姓名		国籍		身份证照类型			身份证照号码		
抵华日期		职业		任职、受雇单位			经常居住地		
中国境内有效联系地址				邮编			联系电话		

所得项目	年所得额			应纳税额	已缴（扣）税额	抵扣税额	应补（退）税额
	境内	境外	合计				
1. 工资、薪金所得							
2. 个体工商户的生产、经营所得							
3. 对企事业单位的承包经营、承租经营所得							
4. 劳务报酬所得							
5. 稿酬所得							
6. 特许权使用费所得							
7. 利息、股息、红利所得							
8. 财产租赁所得							
9. 财产转让所得							
10. 偶然所得							
11. 其他所得							
合　　计							

我声明，此纳税申报表是根据《中华人民共和国个人所得税法》的规定填报的，我确信它是真实的、可靠的、完整的。

纳税人（签字）

代理人名称：	经办人（签章）
代理人（公章）	联系电话

受理人：　　　　　　　　　　　　　受理时间：　　　年　　月　　日

受理申报机关：

表 4-30　个人所得税月份申报表示例

个人所得税月份申报表

填表日期：　　　年　月　日

纳税月份：自　　年　月　日至　　年　月　日

纳税人编码 □□□□□□□□□□□□□□　　　　金额单位：人民币元（列至角分）

纳税人姓名：			国籍：				抵华日期：		
在中国境内住址：									
在中国境内通讯地址：						邮编：		电话：	
职业			服务单位				服务地点		

所得项目	税款所属期	收入额					减费用额	应纳税所得额	税率	速算扣除数	应纳税额	已扣缴税款	应补（退）税款
		人民币	外币				人民币合计						
			货币名称	金额	外汇牌价	折合人民币							

授权代理人	（如果你已委托代理申报人，请填写下列资料）为代理一切税务事宜，现授权____（地址）____为本人代理申报人，任何与本申报表有关的往来文件都可寄予此人。　　　　　授权人签字：	声明	我声明：此纳税申报表是根据《中华人民共和国个人所得税法》的规定填报的，我确信它是真实的、可靠的、完整的。　　　　　　　声明人签字：
纳税人（签字或盖章）		代理申报人（签字）：	
以下由税务机关填写			
收到申报表日期		接收人	

2. 代扣代缴

代扣代缴个人所得税的纳税申报应根据国家税务总局制定下发的《个人所得税代扣代缴暂行办法》的规定进行。扣缴义务人应指定支付应纳税所得的财务会计部门或其他有关部门的人员为办税人员，由办税人员具体办理个人所得税的代扣代缴工作。扣缴义务人在代扣税款时，必须向纳税人开具税务机关统一印制的代扣代收税款凭证，并详细注明纳税人姓名、工作单位、家庭住址和居民身份证或护照号码等个人情况。扣缴义务人每月所扣的税款，应当在次月七日内缴入国库，扣缴义务人申报扣缴所得税时应向主管税务机关报送如实填写的《扣缴个人所得税报告表》(表 4-31)、代扣代收税款凭证和包括每一纳税人姓名、单位、职务、收入、税款等内容的支付个人收入明细表以及税务机关要求报送的其他有关资料。

表 4-31 扣缴个人所得税报告表示例

扣缴个人所得税报告表

填表日期: 年 月 日　　　　　　　　　　　　　　　　金额单位:人民币元

纳税人识别号:□□□□□□□□□□□□□□□□□

根据《中华人民共和国个人所得税法》第九条的规定制定本表,扣缴义务人应将本月扣缴的税款在次月 7 日内缴入国库,并向当地税务机关报送本表。

扣缴义务人名称								地址				电话		
纳税义务人姓名	纳税人识别号	工作单位及地址	所得项目	所得期间	收入额					减费用额	应纳税所得额	税率	速算扣除数	扣缴所得税额	完税证号	纳税日期
					人民币	外币			人民币合计							
						货币名称	金额	外汇牌价	折合人民币							

如果由扣缴义务人填写完税证,应在报送此表时附完税证副联_____份

扣缴义务人声明	我声明,此扣缴申报表是根据《中华人民共和国个人所得税法》的规定填报的,我确信它是真实的、可靠的、完整的。 声明人签字:

会计主管人签字:　　　　　　　负责人签字:　　　　　　　扣缴单位(或个人)盖章:

以下由税务机关填写

收到申报表日期		接收人		审核日期	
审核记录			主管税务机关(公章): 主管税务官员签字:		

3. 税款缴纳

税款缴纳同增值税的税款缴纳。

实验 4.5：2012 年 5 月歌星王某应邀参加某公司庆典活动的演出。按照协议王某演出五场，每场出场费 12 000 元。计算王某演出收入应纳个人所得税税额并填写《个人所得税月份申报表》。

实验 4.6：某外商投资企业的中方财务经理 2012 年 12 月月薪收入 5 000 元，年度一次性奖金 30 000 元。计算该外商投资企业扣缴中方经理的 12 月份个人所得税额并填写《扣缴个人所得税报告表》。

4.7　印花税纳税申报程序及模拟实验

印花税的纳税办法，根据税额大小、贴花次数以及税收征收管理的需要，分别采用自行贴花、汇贴或汇缴和委托代征三种纳税办法。

1. 自贴自缴

这种方法，一般适用于应税凭证较少或者贴花次数较少的纳税人。纳税人书立、领受或者使用了应税凭证，纳税义务即已产生，应当自行计算应纳税额，自行购买印花税票，在应税凭证上自行一次贴足印花税票，并在每枚税票的骑缝处盖戳注销或划销，纳税义务才算全部履行完毕。

2. 汇贴或汇缴

这种方法，一般适用于应纳税额较大或者贴花次数频繁的纳税人。应纳税额较大的纳税人可用税收缴款书缴纳税款。一份凭证应纳税额超过 500 元的，应向当地税务机关申请填写税收缴款书或者完税凭证，将其中一联粘贴在凭证上或者由税务机关在凭证上加注完税标记代替贴花。如果企业应税凭证种类多，纳税次数发生频繁，且金额较大，可向主管税务机关申请采取汇总缴纳的方法，汇总最长期限不得超过一个月。凡汇总缴纳印花税的凭证，应加注税务机关指定的汇缴戳记、编号并装订成册后，将已贴印花或者缴款书的一联粘附册后，盖章注销，保存备查。

3. 纳税申报

印花税的纳税人应按照《印花税暂行条例》的有关规定及时办理纳税申报，并如实填写《印花税纳税申报表》(表 4-32)，将应税凭证当月申报与及时贴花完税的情况作全面综合的反映。

实验 4.7：某企业 2012 年 3 月开业，领受房屋产权证、工商营业执照、土地使用证各一件；订立产品购销合同 2 份，所载金额为 170 万元；订立借款合同一份，所载金额为 300 万元；企业的营业账簿中，记载资金的账簿"实收资本"、"资本公积"为 600 万元；其他营业账簿 10 本。计算该企业 3 月份应缴纳的印花税额，并根据资料填报《印花税纳税申报表》。

表 4-32　印花税纳税申报表示例

印花税纳税申报表

填表日期：　　年　月　日

纳税人识别号□□□□□□□□□□□□□□□　　　　　　　金额单位：元(列至角分)

纳税人名称						税款所属时期				
应税凭证名称	件数	计税金额	适用税率	应纳税额	已纳税额	应补(退)税额	购花贴花情况			
							上期结存	本期购进	本期贴花	本期结存
1	2	3	4	5＝2×3×4	6	7＝5－6	8	9	10	11＝8＋9－10

如纳税人填报，由纳税人填写以下各栏			如委托代理人填报，由代理人填写以下各栏			备注
会计主管(签章)	经办人(签章)	纳税人(签章)	代理人名称			代理人(签章)
			代理人地址			
			经办人		电话	

以下由税务机关填写			
收到申报表日期		接收人	

4.8 城市维护建设税纳税申报程序及模拟实验

1. 纳税期限

由于城建税是由纳税人在缴纳"三税"时同时缴纳的,所以其纳税期限分别与"三税"的纳税期限一致。1994 年后,增值税、消费税由国家税务局征收管理,而城市维护建设税由地方税务局征收管理,因此,在缴税入库的时间上不一定完全一致。

2. 纳税申报

城市维护建设税的纳税人,应在规定的期限内向主管税务机关提供根据《中华人民共和国城市维护建设税暂行条例》的规定填报的《城市维护建设税纳税申报表》(表 4-33),办理纳税申报。该申报表一式三联,第一联纳税人留存,税务机关签章后收回作为申报凭证;第二联由税务管理单位留存;第三联由税务征收单位留存。

3. 税款缴纳

城市维护建设税缴纳方法同增值税的税款缴纳。

表 4-33 城市维护建设税纳税申报表示例

城市维护建设税纳税申报表

填表日期:　　年　月　日

纳税人识别号:□□□□□□□□□□□□□□　　　　　　　金额单位:元(列至角分)

纳税人名称				税款所属时期		
计税依据	计税金额	税率	应纳税额	已纳税额	应补(退)税额	
1	2	3	4=2×3	5	6=4−5	
增值税						
营业税						
消费税						
合　计						

如纳税人填报,由纳税人填写以下各栏		如委托代理人填报,由代理人填写以下各栏		备　注
会计主管 (签章)	纳税人 (公章)	代理人名称	代理人 (公章)	
		代理人地址		
		经办人	电话	
以下由税务机关填写				
收到申报表日期		接收人		

城市维护建设税模拟实验见第 2 章。

4.9 教育费附加申报程序及模拟实验

1. 缴纳期限

由于教育费附加是由缴纳义务人在缴纳"三税"时同时缴纳的,所以其缴纳期限分别与"三税"的纳税期限一致。

2. 申报方法

教育费附加缴纳义务人,应在规定的期限内向主管税务机关提供根据《征收教育费附加的暂行规定》的要求填报的《教育费附加申报表》(表 4-34),办理附加费申报。《教育费附加申报表》一式三联,第一联填表单位留存;第二联由税务管理单位留存;第三联由税务征收单位留存。

表 4-34 教育费附加申报表示例

教育费附加申报表

教育费附加款所属时期　年　月　日至　年　月　日

纳税人编码:　　　　　　　　　　　　　　　　　　　　　金额单位:人民币元

交费单位		经济性质		地址		电话	

申　报　情　况

税种名称	计费金额	附加率/%	应交教育费附加款 百 十 万 千 百 十 元 角 分	税务机关审核意见
合　计				

滞纳天数	滞纳金额		缴款号码		缴款日期　月　日前

说明　
1. 税种名称:按不同税种,分别填列(消费税、增值税、营业税)。
2. 计费金额:分别填写实际缴纳的消费税、增值税、营业税。
3. 附加率:教育费附加率为 3%。

交款单位(盖章)　负责人:　交费承办人:　　申报日期　年　月　日

纳税人填写	管理分局	管理科	专管员

3. 附加费缴纳

附加费缴纳方法同增值税的税款缴纳。

教育费附加模拟实验见第 2 章。

4.10　房产税纳税申报程序及模拟实验

1. 纳税期限

房产税实行按年计算，分期缴纳（一般是六个月）的征收方法，具体纳税期限由省、自治区、直辖市人民政府确定。

2. 纳税申报

房产税的纳税人，应在规定的期限内向主管税务机关提供根据《中华人民共和国房产税暂行条例》的规定如实填报的《房产税纳税申报表》（表 4-35），及时办理纳税申报。

表 4-35　房产税纳税申报表示例

房产税纳税申报表

填表日期：　　年　月　日

纳税人识别号□□□□□□□□□□□□□□□□　　　　金额单位:元(列至角分)

纳税人名称						税款所属时期									
房产坐落地点						建筑面积(m²)				房屋结构					
上期申报房产原值	本期增减	本期实际房产原值	其中			扣除率	以房产余值计征房产税			以租金收入计征房产税			全年应纳税额	缴纳次数	本　　　期		
			从价计税的房产原值	从租计税的房产原值	规定的免税房产原值		房产余值	适用税率1.2%	应纳税额	租金收入	适用税率12%	应纳税额			应纳税额	已纳税额	应补(退)税额
1	2	3=1+2	4=3-5-6	5=3-4-6	6	7	8=4-4×7	9	10=8×9	11	12	13=11×12	14=10+13	15	16=14÷15	17	18=16-17
合计																	
纳税人填报,由纳税人填写以下各栏				如委托代理人填报,由代理人填写以下各栏										备　　注			
会计主管(签章)		纳税人(公章)		代理人名称				代理人(公章)									
				代理人地址													
				经办人				电话									
以下由税务机关填写																	
收到申报表日期								接收人									

3. 税款缴纳

税款缴纳同增值税的税款缴纳。

实验 4.8：某企业办公楼、厂房等房产 2012 年的账面原值为 150 万，按规定房产原值扣除比率为 20％，每年 4 月、10 月分两次缴纳，计算每次应缴纳的房产税税额并填写《房产税纳税申报表》。

4.11　车船税纳税申报程序及模拟实验

1. 纳税期限

车船税按年征收，分期缴纳。具体纳税期限由省、自治区、直辖市人民政府确定。

2. 纳税申报

车船税的纳税人，应在规定的期限内向主管税务机关提供根据《中华人民共和国车船税暂行条例》的规定如实填报的《车船税纳税申报表》（表4-36），及时办理纳税申报。

表 4-36　车船税纳税申报表示例

车船税纳税申报表

填表日期：　　年　月　日

纳税人识别号：□□□□□□□□□□□□□□□　　　　　　金额单位：元（列至角分）

纳税人名称						税款所属时期		
车船类别	计税标准	数量	单位税额	全年应纳税额	年缴纳次数	本　期		
						应纳税额	已纳税额	应补（退）税额
1	2	3	4	5＝3×4	6	7＝5÷6	8	9＝7−8
合　计								

如纳税人填报，由纳税人填写以下各栏		如委托代理人填报，由代理人填写以下各栏				备注
会计主管（签章）	纳税人（公章）	代理人名称		代理人（公章）		
		代理人地址				
		经办人姓名		电话		
以下由税务机关填写						
收到申报表日期				接收人		

3. 税款缴纳

税款缴纳同增值税的税款缴纳。

实验 4.9：某交通运输企业拥有汽车（自重 20 吨）60 辆、客车 15 辆，该汽车所在省规定载货汽车年纳税额每吨 50 元，客车年纳税额每辆 500 元。计算该企业一年应缴纳的车船税额并填写《车船税纳税申报表》。

4.12　城镇土地使用税纳税申报程序及模拟实验

1. 纳税期限

城镇土地使用税实行按年计算、分期缴纳的征收方法，具体纳税期限由省、自治区、直辖市人民政府确定。

2. 纳税申报

城镇土地使用税的纳税人，应在规定的期限内向主管税务机关提供根据《中华人民共和国城镇土地使用税暂行条例》的规定如实填报的《城镇土地使用税纳税申报表》（表 4-37），及时办理纳税申报。该申报表一式三联，第一联为申报联，主管税务机关审核后退还纳税人，第二、三联为收执联，由主管税务机关留存。

表 4-37　城镇土地使用税纳税申报表示例

城镇土地使用税纳税申报表

填表日期：　　　年　月　日

纳税人识别号：□□□□□□□□□□□□□□□　　　　　　　金额单位：元（列至角分）

纳税人名称										税款所属时期				
房产坐落地点														
坐落地点	上期占地面积	本期增减	本期实际占地面积	法定免税面积	应税面积	土地等级		适用税额		全年应缴税额	缴纳次数	本　期		
						I	II	I	II			每次应纳税额	已纳税额	应补（退）税额
1	2	3	4=2+3	5	6=4−5	7	8	9	10	11=6×9或10	12	13=11÷12	14	15=11−14
合计														

如纳税人填报，由纳税人填写以下各栏		如委托代理人填报，由代理人填写以下各栏			备注
会计主管（签章）	纳税人（公章）	代理人名称		代理人（公章）	
		代理人地址			
		经办人		电话	
以下由税务机关填写					
收到申报表日期			接收人		

3. 税款缴纳

税款缴纳同增值税的税款缴纳。

实验 4.10：某企业实际使用土地面积为 20 000 米²，经税务机关核定，该土地为应税土地，该企业所在地土地使用税年税额为每平方米 4 元，计算该企业全年应缴纳的土地使用税额，并填写《城镇土地使用税纳税申报表》。

第 5 章

企业财务与成本分析模拟实验

【实验目的】

企业财务与成本分析包括财务分析和成本分析两部分内容。其中，财务分析由财务会计报表分析、财务效率分析和财务综合分析三部分组成；成本分析由商品产品成本计划完成情况分析、单位产品成本分析和期间费用分析三部分组成。

企业财务与成本分析实训目的旨在使学生巩固财务分析理论知识和基本方法，并能将理论知识和基本方法灵活运用于实践，在实践中不断提高学生动手操做能力、分析判断能力、独立思考及解决问题能力，以及与成员互相合作能力，为社会培养具有良好的职业道德和科学的创新精神的高技能实践应用型人才。

【实验程序与要求】

实验程序分三个阶段 10 个步骤。

1. 信息收集整理阶段

在信息搜集整理阶段主要由以下三个步骤组成：

（1）明确财务与成本分析目标。首先必须明确为什么要进行财务与成本分析，只有明确了分析的目标，才能正确地搜集整理信息资料，选择正确的分析方法，从而得出正确的结论。

（2）制定财务与成本分析计划。计划内容应包括：分析人员组成、分工、时间进度安排、分析内容的确定及拟采用分析方法等。

（3）搜集整理财务与成本分析信息。对财务与成本分析信息搜集整理的一般要求是：及时性、完整性和准确性，并且信息的搜集应根据分析的目的和计划进行。

2. 财务与成本分析实施阶段

财务与成本分析实施阶段是在信息搜集整理阶段完成的基础上进行的，其主要包括以下三个步骤：

（1）财务会计报表分析。具体步骤：阅读报表、比较报表、分析报表，揭示财务状况，评价经营成果。

（2）成本费用完成情况分析。主要包括单位产品成本分析及期间费用分析。

（3）财务与成本指标分析。具体步骤：熟悉各指标的计算公式及指标的内涵、准确计算指标值、进行指标比较。

（4）基本因素分析。财务与成本分析不仅要解释现象，而且应分析原因。因此，在指标分析完成的基础上，应进一步分析差异形成的原因及各因素的影响方向和程度。

3. 财务与成本分析综合评价阶段

财务与成本分析综合评价阶段是财务与成本分析实施阶段的继续，具体又可分为以下三个步骤：

(1) 财务与成本综合分析与评价。财务与成本综合评价分析是在分析实施的基础上，将定量分析结果、定性分析判断及实际情况结合起来，得出财务与成本分析结论的过程。这是财务与成本分析的关键步骤，评价结论的正确与否是判断财务与成本分析质量的唯一标准。所以，一般需要经过多次反复，才能得出正确评价。

(2) 财务预测与价值评估。财务与成本分析既是对本期财务与成本管理活动的总结，又是对下期活动的预期。企业应在分析的基础上结合现实情况预测未来发展趋势。

(3) 提出财务与成本分析报告。财务与成本分析报告是企业财务与成本分析的最后步骤。它将分析的基本问题、结论以及针对问题提出的措施和建议以书面的形式表示出来，为企业分析主体及财务与成本分析报告的其他受益者提供决策依据。

财务与成本分析是财会专业的必修课程之一，要求学生掌握财务与成本分析的基本理论，熟悉分析方法，具备一定的分析技能，在实训中必须明确目的，严格按照分析程序进行；要求学生在分析过程中仔细阅读相关资料，灵活运用分析方法，准确计算分析指标；认真总结分析结果并做出书面分析报告，提出改进措施及建议。

【实验资料】

5.1 ABC 公司 2012 年财务会计报表及成本资料

表 5-1 资产负债表示例

资产负债表

编制单位：ABC 公司　　　　　　　　　　2012 年 12 月 31 日　　　　　　　　　　单位：元

资　　产	期末余额	年初余额	负债及所有者权益（或股东权益）	期末余额	年初余额
流动资产：			流动负债：		
货币资金	1 570 870	2 812 600	短期借款	100 000	600 000
交易性金融资产	0	30 000	交易性金融负债	0	0
应收票据	132 000	492 000	应付票据	200 000	400 000
应收账款	1 196 400	598 200	应付账款	1 907 600	1 907 600
预付款项	200 000	200 000	预收款项	0	0
应收利息	0	0	应付职工薪酬	360 000	220 000
应收股利	0	0	应交税费	453 462	75 200
其他应收款	10 000	10 000	应付利息	0	0
存货	4 969 400	5 160 000	应付股利	64 431.7	0
一年内到期的非流动资产	0	30 000	其他应付款	100 000	120 000

续表

资　产	期末余额	年初余额	负债及所有者权益（或股东权益）	期末余额	年初余额
其他流动资产	20 0000	160 000	一年内到期的非流动负债	0	2 000 000
流动资产合计	8 278 670	9 492 800	其他流动负债	4 000	0
非流动资产：			流动负债合计	3 189 493.7	5 322 800
可供出售金融资产	0	0	非流动负债：		
持有至到期投资	0	0	长期借款	2 320 000	1 200 000
长期应收款	0	0	应付债券	0	0
长期股权投资	500 000	500 000	长期应付款	0	0
投资性房地产	0	0	专项应付款	0	0
固定资产	4 402 000	2 200 000	预计负债	2 000	10 000
在建工程	856 000	3 000 000	递延所得税负债	0	0
工程物资	600 000	0	其他非流动负债	4 000	0
固定资产清理	0	0	非流动负债合计	2 326 000	1 210 000
生产性生物资产	0	0	负债合计	5 515 493.7	6 532 800
油气资产	6 000	0	所有者权益（或股东权益）：		
无形资产	1 080 000	1 200 000	实收资本	10 000 000	10 000 000
开发支出	40 000	0	资本公积	40 000	0
商誉	4 000	0	减：库存股	0	0
长期待摊费用	20 000	40 000	盈余公积	249 540.8	200 000
递延所得税资产	19 800	0	未分配利润	381 435.5	100 000
其他非流动资产	380 000	400 000	所有者权益（或股东权益）合计	10 670 976.3	10 300 000
非流动资产合计	7 907 800	7 340 000			
资产总计	16 186 470	16 832 800	负债和所有者权益（或股东权益）总计	16 186 470	16 832 800

表 5-2　利润表示例

利　润　表

编制单位：ABC 公司　　　　　　　　　2012 年度　　　　　　　　　单位：元

项　目	本期金额	上期金额
一、营业收入	13 965 632.00	12 412 976.80
减：营业成本	12 965 632.00	11 562 976.80
营业税金及附加	41 187.74	30 000.61
销售费用	40 000.00	30 000.00
管理费用	277 012.26	124 999.39

项　　目	本期金额	上期金额
财务费用	83 000.00	30 000.00
资产减值损失	61 800.00	18 000.00
加：公允价值变动收益（损失以"－"号填列）	0.00	0.00
投资收益（损失以"－"号填列）	63 000.00	20 000.00
其中：对联营企业和合营企业的投资收益	0.00	0.00
二、营业利润（亏损以"－"填列）	560 000.00	637 000.00
加：营业外收入	100 000.00	30 000.00
减：营业外支出	39 400.00	18 000.00
其中：非流动资产处置损失		
三、利润总额（亏损总额以"－"号填列）	620 600.00	649 000.00
减：所得税费用	204 798.00	214 170.00
四、净利润（净亏损以"－"号填列）	415 802.00	434 830.00
五、每股收益：		
（一）基本每股收益		
（二）稀释每股收益		

表 5-3　现金流量表示例

现金流量表

编制单位：ABC 公司　　　　　　2012 年度　　　　　　单位：元

项　　目	本期金额	上期金额
一、经营活动产生的现金流量：		
销售商品、提供劳务收到的现金	2 625 000	2 383 400
收到的税费返还	0	0
收到其他与经营活动有关的现金	0	0
经营活动现金流入小计	2 625 000	2 383 400
购买商品、接受劳务支付的现金	784 532	587 416
支付给职工以及为职工支付的现金	600 000	450 000
支付的各项税费	408 798	384 500
支付其他与经营活动有关的现金	160 000	120 000
经营活动现金流出小计	1 953 330	1 541 916
经营活动产生的现金流量净额	671 670	841 484
二、投资活动产生的现金流量：		
收回投资收到的现金	33 000	28 000
取得投资收益收到的现金	60 000	58 000

续表

项　　目	本期金额	上期金额
处置固定资产、无形资产和其他长期资产收回的现金净额	600 600	670 800
处置子公司及其他营业单位收到的现金	0	0
收到其他与投资活动有关的现金	0	0
投资活动现金流入小计	693 600	756 800
购买固定资产、无形资产和其他长期资产支付的现金	1 202 000	220 000
投资支付的现金	0	0
取得子公司及其他营业单位支付的现金净额	0	0
支付其他与投资活动有关的现金	0	0
投资活动现金流出小计	1 202 000	220 000
投资活动产生的现金流量净额	−508 400	536 800
三、筹资活动产生的现金流量：		
吸收投资收到的现金	0	0
取得借款收到的现金	1 120 000	1 000 000
收到其他与筹资活动有关的现金	0	0
筹资活动现金流入小计	1 120 000	1 000 000
偿还债务支付的现金	2 500 000	2 300 000
分配股利、利润或偿付利息支付的现金	25 000	23 000
支付其他与筹资活动有关的现金	0	0
筹资活动现金流出小计	2 525 000	2 323 000
筹资活动产生的现金流量净额	−1 405 000	−1 323 000
四、汇率变动对现金及现金等价物的影响	0	0
五、现金及现金等价物净增加额	−1 241 730	55 284
加：期初现金及现金等价物余额	2 812 600	
六、期末现金及现金等价物余额	1 570 870	

项　　目	本期金额	上期金额
1. 将净利润调节为经营活动现金流量：		
净利润	415 802	434 830
加：资产减值准备	61 800	18 000
固定资产折旧、油气资产折耗、生产性生物资产折旧	86 000	80 000
无形资产摊销	120 000	120 000
长期待摊费用摊销	20 000	20 000

项　目	本期金额	上期金额
处置固定资产、无形资产和其他长期资产的损失（收益以"－"号填列）	39400	18000
固定资产报废损失（收益以"－"号填列）		
公允价值变动损失（收益以"－"号填列）		
财务费用（收益以"－"号填列）	83 000	30 000
投资损失（收益以"－"号填列）	－63 000	－20 000
递延所得税资产减少（增加以"－"号填列）	－19 800	
递延所得税负债增加（减少以"－"号填列）		
存货的减少（增加以"－"号填列）	190 600	174 200
经营性应收项目的减少（增加以"－"号填列）	238 200	258 100
经营性应付项目的增加（减少以"－"号填列）	－1 635 306.30	－1 390 000
其他	1 134 974.30	1 098 354
经营活动产生的现金流量净额	671 670	841 484
2. 不涉及现金收支的重大投资和筹资活动		
债务转为资本		
一年内到期的可转换公司债券		
融资租入固定资产		
3. 现金及现金等价物净变动情况：		
现金的期末余额	1 570 870	2 812 600
减：现金的期初余额	2 812 600	2 757 316
加：现金等价物的期末余额		
减：现金等价物的期初余额		
现金及现金等价物净增加额	－1 241 730	55 284

表 5-4　甲产品单位成本资料表示例

甲产品单位成本资料表

编制单位：ABC 公司　　　　　　　　　　　　　　　　　　　　　　单位：元

项　目	本期实际成本	上年实际成本
直接材料	224	212
燃料和动力	42	42
直接人工	75	77
制造费用	99	89
合　计	440	420

表 5-5　甲产品直接材料成本明细表示例

甲产品直接材料成本明细表

编制单位：ABC 公司

项　　目	计量单位	耗用量		单　价		材料成本		差　异
		上年	本年	上年	本年	上年	本年	
A 材料	公斤	38	40	2.5	2.5	95	100	＋5
B 材料	公斤	9	10	13	12.4	117	124	＋7
合　计						212	224	＋12

表 5-6　甲产品工资费用明细表示例

甲产品工资费用明细表

编制单位：ABC 公司

项　　目	本年实际数	上年实际数	差异
工资（元）	75	77	－2
单件工时（小时）	150	140	＋10
小时工资率（元/小时）	0.5	0.55	－0.05

表 5-7　甲产品制造费用明细表示例

甲产品制造费用明细表

编制单位：ABC 公司

项　　目	本年实际数	上年实际数	差异
单位产品制造费用（元）	99	89	＋10
单件生产工时（小时）	150	140	＋10
费用分配率（元/小时）	0.66	0.635 7	－0.024 3

表 5-8　销售费用明细表示例

销售费用明细表

编制单位：ABC 公司　　　　　　　　　　　　　　　　　　　　　　　单位：元

项　　目	本期数	上期数
职工薪酬	8 280	6 900
业务费	1 350	1 200
运输费	3 550	3 200
装卸费	1 640	1 500
包装费	1 420	1 300
物料消耗	1 600	1 180
展览费	1 265	1 200

续表

项　目	本期数	上期数
广告费	18 400	12 400
差旅费	2 065	800
其他	430	320
合计	40 000	30 000

表 5-9　管理费用明细表示例

管理费用明细表

编制单位：ABC 公司　　　　　　　　　　　　　　　　　　　　　　　单位：元

项　目	本期数	上期数
职工薪酬	187 312.26	64 279.39
折旧费	21 000	21 000
办公费	7 200	4 300
差旅费	5 800	5 100
业务招待费	25 000	8 000
低值易耗品摊销	9 000	6 200
物料消耗	7 000	2 300
无形资产摊销	8 400	7 400
待处理财产损益	1 450	1 420
车船使用税	1 800	1 800
保险费	1 800	1 700
印花税	80	50
房产税	500	500
其他	670	950
合计	277 012.26	124 999.39

表 5-10　财务费用明细表示例

财务费用明细表

编制单位：ABC 公司　　　　　　　　　　　　　　　　　　　　　　　单位：元

项　目	本期数	上期数
利息支出	83 000	30 000
利息收入	32 000	13 000
手续费	22 000	8 400
汇兑损益	0	0
其他	10 000	4 600
合计	83 000	30 000

5.2　企业财务分析

1. 财务会计报表分析

1）资产负债表分析。

（1）资产负债表一般情况分析。

根据表 5-1 资料，采用水平分析法编制该企业资产负债表变动情况分析表，见表 5-11。

表 5-11　资产负债表变动情况分析表示例

资产负债表变动情况分析表

单位：元

资　产	增（减）额	增（减）率（%）	负债及所有者权益（或股东权益）	增（减）额	增（减）率（%）
流动资产：			流动负债：		
货币资金			短期借款		
交易性金融资产			交易性金融负债		
应收票据			应付票据		
应收账款			应付账款		
预付款项			预收款项		
应收利息			应付职工薪酬		
应收股利			应交税费		
其他应收款			应付利息		
存货			应付股利		
一年内到期的非流动资产			其他应付款		
其他流动资产			一年内到期的非流动负债		
流动资产合计			其他流动负债		
非流动资产：			流动负债合计		
可供出售金融资产			非流动负债：		
持有至到期投资			长期借款		
长期应收款			应付债券		
长期股权投资			长期应付款		
投资性房地产			专项应付款		
固定资产			预计负债		
在建工程			递延所得税负债		
工程物资			其他非流动负债		
固定资产清理			非流动负债合计		

续表

资　　产	增(减)额	增(减)率 (%)	负债及所有者权益 (或股东权益)	增(减)额	增(减)率 (%)
生产性生物资产			负债合计		
油气资产			所有者权益(或股东权益):		
无形资产			实收资本		
开发支出			资本公积		
商誉			减:库存股		
长期待摊费用			盈余公积		
递延所得税资产			未分配利润		
其他非流动资产			所有者权益(或股东权益)合计		
非流动资产合计					
资产总计			负债和所有者权益 (或股东权益)总计		

① 资产负债表总括分析：

② 资产主要项目变动情况分析：

(a) 货币资金变动情况分析：

(b) 应收账款变动情况分析：

(c) 存货变动情况分析：

(d) 固定资产变动情况分析：

(e) 无形资产变动情况分析：

③ 负债主要项目变动情况分析：

(a) 短期借款变动情况分析：

(b) 长期借款变动情况分析：

④ 股东权益项目变动情况分析：

(a) 股本变动情况分析：

(b) 未分配利润变动情况分析：

(2) 资产负债表结构分析。

根据表 5-1 资料,采用垂直分析法编制该企业资产负债表结构分析表,见表 5-12。

表 5-12 资产负债表结构分析表示例

资产负债表结构分析表

单位：%

资 产	结 构			负债及所有者权益（或股东权益）	结 构		
	本期	上期	增(减)		本期	上期	增(减)
流动资产：				流动负债：			
货币资金				短期借款			
交易性金融资产				交易性金融负债			
应收票据				应付票据			
应收账款				应付账款			
预付款项				预收款项			
应收利息				应付职工薪酬			
应收股利				应交税费			
其他应收款				应付利息			
存货				应付股利			
一年内到期的非流动资产				其他应付款			
其他流动资产				一年内到期的非流动负债			
流动资产合计				其他流动负债			
非流动资产：				流动负债合计			
可供出售金融资产				非流动负债：			
持有至到期投资				长期借款			
长期应收款				应付债券			
长期股权投资				长期应付款			
投资性房地产				专项应付款			
固定资产				预计负债			
在建工程				递延所得税负债			
工程物资				其他非流动负债			
固定资产清理				非流动负债合计			
生产性生物资产				负债合计			
油气资产				所有者权益(或股东权益)：			
无形资产				实收资本			
开发支出				资本公积			
商誉				减:库存股			
长期待摊费用				盈余公积			
递延所得税资产				未分配利润			
其他非流动资产				所有者权益(或股东权益)合计			
非流动资产合计							
资产总计				负债和所有者权益(或股东权益)总计			

①资产负债表结构总括分析：

②资产结构分析：

③负债结构分析：

④权益结构分析：

（3）资产与负债及所有者权益的对称性结构分析。

根据表 5-1 资料，编制该企业资产与负债及所有者权益的对称性结构分析表，见表 5-13、5-14，并做出评价分析。

表 5-13　年初资产与负债及所有者权益的对称性结构分析表示例

年初资产与负债及所有者权益的对称性结构分析表

单位：元

资　产	年初余额	负债及所有者权益 （或股东权益）	年初余额
流动资产合计		流动负债合计	
非流动资产合计		非流动负债合计	
		所有者权益（或股东权益）合计	
资产总计		负债及所有者权益总计	

表 5-14　年末资产与负债及所有者权益的对称性结构分析表示例

年末资产与负债及所有者权益的对称性结构分析表

单位：元

资　产	年末余额	负债及所有者权益 （或股东权益）	年末余额
流动资产合计		流动负债合计	
非流动资产合计		非流动负债合计	
		所有者权益（或股东权益）合计	
资产总计		负债及所有者权益总计	

评价分析：

2）利润表分析。

（1）利润表变动一般情况分析。

根据表 5-2 资料，采用水平分析法编制该企业利润变动情况分析表，见表 5-15。

表 5-15　利润表变动情况分析表示例

利润表变动情况分析表

单位：元

项　　目	本期金额	上期金额	增（减）额	增（减）率（％）
一、营业收入				
减：营业成本				
营业税金及附加				
销售费用				
管理费用				
财务费用				
资产减值损失				
加：公允价值变动收益（损失以"－"号填列）				
投资收益（损失以"－"号填列）				
其中：对联营企业和合营企业的投资收益				
二、营业利润（亏损以"－"填列）				
加：营业外收入				
减：营业外支出				
其中：非流动资产处置损失				
三、利润总额（亏损总额以"－"号填列）				
减：所得税费用				
四、净利润（净亏损以"－"号填列）				
五、每股收益：				
（一）基本每股收益				
（二）稀释每股收益				

　　①利润表总括分析：

　　②利润表主要项目变动情况分析：

　　（a）营业利润变动情况分析：

　　（b）利润总额变动情况分析：

　　（c）净利润变动情况分析：

　　（2）利润表结构分析。

　　根据表 5-2 资料，采用垂直分析法编制该企业利润表结构变动分析表，见表 5-16。

表 5-16　利润表结构变动分析表示例

利润表结构变动分析表

单位：%

项　　目	本期	上期	变动情况
一、营业收入	100.00	100.00	
减：营业成本			
营业税金及附加			
销售费用			
管理费用			
财务费用			
资产减值损失			
加：公允价值变动收益（损失以"－"号填列）			
投资收益（损失以"－"号填列）			
其中：对联营企业和合营企业的投资收益			
二、营业利润（亏损以"－"填列）			
加：营业外收入			
减：营业外支出			
其中：非流动资产处置损失			
三、利润总额（亏损总额以"－"号填列）			
减：所得税费用			
四、净利润（净亏损以"－"号填列）			
五、每股收益：			
（一）基本每股收益			
（二）稀释每股收益			

利润表结构变动情况总括分析：

3）现金流量表分析。

（1）现金流量表一般情况分析。

根据表 5-3 资料，采用水平分析法编制该企业现金流量变动情况分析表，见表 5-17。

表 5-17　现金流量表变动情况分析表示例

现金流量表变动情况分析表

单位：元

项　　目	本期金额	上期金额	增（减）额	增（减）率（%）
一、经营活动产生的现金流量：				
销售商品、提供劳务收到的现金				
收到的税费返还				
收到其他与经营活动有关的现金				
经营活动现金流入小计				
购买商品、接受劳务支付的现金				
支付给职工以及为职工支付的现金				
支付的各项税费				
支付其他与经营活动有关的现金				
经营活动现金流出小计				
经营活动产生的现金流量净额				
二、投资活动产生的现金流量：				
收回投资收到的现金				
取得投资收益收到的现金				
处置固定资产、无形资产和其他长期资产收回的现金净额				
处置子公司及其他营业单位收到的现金				
收到其他与投资活动有关的现金				
投资活动现金流入小计				
购买固定资产、无形资产和其他长期资产支付的现金				
投资支付的现金				
取得子公司及其他营业单位支付的现金净额				
支付其他与投资活动有关的现金				
投资活动现金流出小计				
投资活动产生的现金流量净额				
三、筹资活动产生的现金流量：				
吸收投资收到的现金				
取得借款收到的现金				
收到其他与筹资活动有关的现金				
筹资活动现金流入小计				
偿还债务支付的现金				
分配股利、利润或偿付利息支付的现金				

续表

项　目	本期金额	上期金额	增（减）额	增（减）率（％）
支付其他与筹资活动有关的现金				
筹资活动产生的现金流量净额				
四、汇率变动对现金及现金等价物的影响				
五、现金及现金等价物净增加额				
加：期初现金及现金等价物余额				
六、期末现金及现金等价物余额				

①现金流量表总括分析：

②现金流量表主要项目变动情况分析：

（a）经营活动现金净流量变动情况分析：

（b）投资活动现金净流量变动情况分析：

（c）筹资活动现金净流量变动情况分析：

（2）现金流量表结构分析。

根据表 5-3 资料，编制该企业现金流量表结构分析表，见表 5-18。

表 5-18　现金流量表结构分析表示例

现金流量表结构分析表

单位：元

项　目	现金流入		现金流出		流入结构（％）			流出结构（％）		
	上期金额	本期金额	上期金额	本期金额	上期金额	本期金额	增（减）	上期金额	本期金额	增（减）
一、经营活动产生的现金流量：										
销售商品、提供劳务收到的现金										
收到的税费返还										
收到其他与经营活动有关的现金										
经营活动现金流入小计										
购买商品、接受劳务支付的现金										
支付给职工以及为职工支付的现金										
支付的各项税费										
支付其他与经营活动有关的现金										

续表

项　目	现金流入		现金流出		流入结构（％）			流出结构（％）		
	上期金额	本期金额	上期金额	本期金额	上期金额	本期金额	增（减）	上期金额	本期金额	增（减）
经营活动现金流出小计										
经营活动产生的现金流量净额										
二、投资活动产生的现金流量：										
收回投资收到的现金										
取得投资收益收到的现金										
处置固定资产、无形资产和其他长期资产收回的现金净额										
处置子公司及其他营业单位收到的现金										
收到其他与投资活动有关的现金										
投资活动现金流入小计										
购买固定资产、无形资产和其他长期资产支付的现金										
投资支付的现金										
取得子公司及其他营业单位支付的现金净额										
支付其他与投资活动有关的现金										
投资活动现金流出小计										
投资活动产生的现金流量净额										
三、筹资活动产生的现金流量：										
吸收投资收到的现金										
取得借款收到的现金										
收到其他与筹资活动有关的现金										
筹资活动现金流入小计										
偿还债务支付的现金										

项　　目	现金流入		现金流出		流入结构（%）			流出结构（%）		
	上期金额	本期金额	上期金额	本期金额	上期金额	本期金额	增（减）	上期金额	本期金额	增（减）
分配股利、利润或偿付利息支付的现金										
支付其他与筹资活动有关的现金										
筹资活动现金流出小计										
筹资活动产生的现金流量净额										
现金流量总额										
四、汇率变动对现金及现金等价物的影响										
五、现金及现金等价物净增加额										
加：期初现金及现金等价物余额										
六、期末现金及现金等价物余额										

现金流量表主要项目结构变动情况分析：

（1）现金流入结构分析：

（2）现金流出结构分析：

2. 企业财务效率分析

1）偿债能力分析。

（1）短期偿债能力分析。

根据表 5-1、表 5-3 资料，计算编制该企业短期偿债能力指标计算表，见表 5-19，并做出分析评价。

表 5-19　短期偿债能力指标计算表示例

短期偿债能力指标计算表

项　　目	2011 年	2012 年	变动情况
流动比率			
速动比率			
现金流动负债比			

分析评价：

（2）长期偿债能力分析。

根据表 5-1、表 5-2 资料，并假定表 5-2 中的财务费用全部为利息支出，计算编制该企业长期偿债能力指标计算表，见表 5-20，并作出分析评价。

表 5-20　长期偿债能力指标计算表示例

长期偿债能力指标计算表

项　　　目	2011 年	2012 年	变动情况
资产负债率（%）			
产权比率（%）			
已获利息倍数			

分析评价：

2）营运能力分析。

（1）存货周转率计算与分析。

根据表 5-1、表 5-2 资料，同时假定该企业 2010 年末的存货余额为 4 895 632 元，计算该企业 2011 年和 2012 年存货周转率和周转期（一年按 360 天计算），见表 5-21，并作出分析评价。

表 5-21　存货周转率计算表示例

存货周转率计算表

单位：元

项　　　目	2010 年	2011 年	2012 年
营业成本			
存货年末余额			
平均存货余额			
存货周转率（次）			
存货周转期（天）			

分析评价：

（2）应收账款周转率计算与分析。

根据表 5-1、表 5-2 资料，同时假定该企业 2010 年末的应收账款余额为 875 462 元，计算该企业 2011 年和 2012 年应收账款周转率和周转期（一年按 360 天计算），见表 5-22，并作出分析评价。

表 5-22　应收账款周转率计算表示例

应收账款周转率计算

单位：元

项　　　目	2010 年	2011 年	2012 年
营业收入			
应收账款年末余额			
平均应收账款余额			
应收账款周转率（次）			
应收账款周转期（天）			

分析评价：

（3）流动资产周转率计算与分析。

根据表 5-1、表 5-2 资料，同时假定该企业 2010 年末的流动资产余额为 8 836 432.16 元，计算该企业 2011 年和 2012 年流动资产周转率和周转期（一年按 360 天计算），见表 5-23，并作出分析评价。

表 5-23　流动资产周转率计算表示例

流动资产周转率计算表

单位：元

项　　目	2010 年	2011 年	2012 年
营业收入			
流动资产年末余额			
平均流动资产余额			
流动资产周转率（次）			
流动资产周转期（天）			

分析评价：

（4）固定资产周转率计算与分析。

根据表 5-1、表 5-2 资料，同时假定该企业 2010 年末固定资产余额为 2 453 789 元，计算该企业 2011 年和 2012 年固定资产周转率及周转期（一年按 360 天计算），见表 5-24，并作出分析评价。

表 5-24　固定资产周转率计算表示例

固定资产周转率计算表

单位：元

项　　目	2010 年	2011 年	2012 年
营业收入			
固定资产年末余额			
平均固定资产余额			
固定资产周转率（次）			
固定资产周转期（天）			

分析评价：

（5）总资产周转率计算与分析。

根据表 5-1、表 5-2 资料，同时假定该公司 2010 年末总资产余额为 16 237 520.15 元，计算该企业 2011 年和 2012 年总资产周转率及周转期（一年按 360 天计算），见表 5-25，并作出分析评价。

表 5-25　总资产周转率计算表示例

总资产周转率计算表

单位：元

项　　目	2010 年	2011 年	2012 年
营业收入			
总资产年末余额			
平均总资产余额			
总资产周转率（次）			
总资产周转期（天）			

分析评价：

3）盈利能力分析。

（1）商品经营盈利能力分析。

①根据表 5-2 资料，计算该企业 2011 年和 2012 年营业利润率计算表，见表 5-26，并作出分析评价。

表 5-26　营业利润率计算表示例

营业利润率计算表

单位：元

项　　目	2011 年	2012 年	变动情况
营业利润			
净利润			
营业收入			
营业利润率（%）			
营业净利率（%）			

分析评价：

②根据表 5-2 资料，计算该企业 2011 年和 2012 年成本费用利润率，见表 5-27，并作出分析评价。

表 5-27　成本费用利润率计算表示例

成本费用利润率计算表

单位：元

项　　目	2011 年	2012 年	变动情况
营业成本			
营业税金及附加			
销售费用			
管理费用			
财务费用			
利润总额			
成本费用利润率			

分析评价：

③根据表 5-2、表 5-3 资料，计算该企业 2011 年和 2012 年盈余现金保障倍数，见表5-28，并作出分析评价。

表 5-28　盈余现金保障倍数计算表示例

盈余现金保障倍数计算表

单位：元

项　　目	2011 年	2012 年	变动情况
营业现金净流量			
净利润			
盈余现金保障倍数			

分析评价：

（2）资本经营与资产经营盈利能力分析。

①根据表 5-1、5-2 资料，同时假设表 5-2 中财务费用全部为利息支出，并假设该企业 2010 年末总资产余额为 16 237 520.15 元，计算该企业 2011 年和 2012 年的总资产报酬率，见表 5-29，并作出分析评价。

表 5-29　总资产报酬率计算表示例

总资产报酬率计算表

单位：元

项　　目	2010 年	2011 年	2012 年
利润总额			
利息支出			
资产年末数			
平均资产总额			
总资产报酬率			

分析评价：

②根据表 5-1、表 5-2 资料，并假设该企业 2010 年末总资产余额为 16 237 520.15 元，计算该企业 2011 年和 2012 年的总资产净利率，见表 5-30，并作出分析评价。

表 5-30　总资产净利率计算表示例

总资产净利率计算表

单位：元

项　　目	2010 年	2011 年	2012 年
净利润			
资产年末数			
平均资产总额			
总资产净利率（%）			

分析评价：

③根据表 5-1、表 5-2 资料，同时假设该企业 2010 年末净资产余额为 9 413 768.16 元。计算该企业 2011 年和 2012 年净资产收益率，见表 5-31，并作出分析评价。

表 5-31 净资产收益率计算表示例

净资产收益率计算表

单位：元

项　　目	2010 年	2011 年	2012 年
净利润			
年末净资产			
平均净资产			
净资产收益率			

分析评价：

3. 财务综合分析

根据以上财务分析的结果，利用杜邦财务分析模式对该公司 2012 年财务成果进行综合分析。将有关数据填入图 5-1。

（公式提示：净资产收益率＝总资产净利率×权益乘数＝营业净利润×总资产周转率×权益乘数）

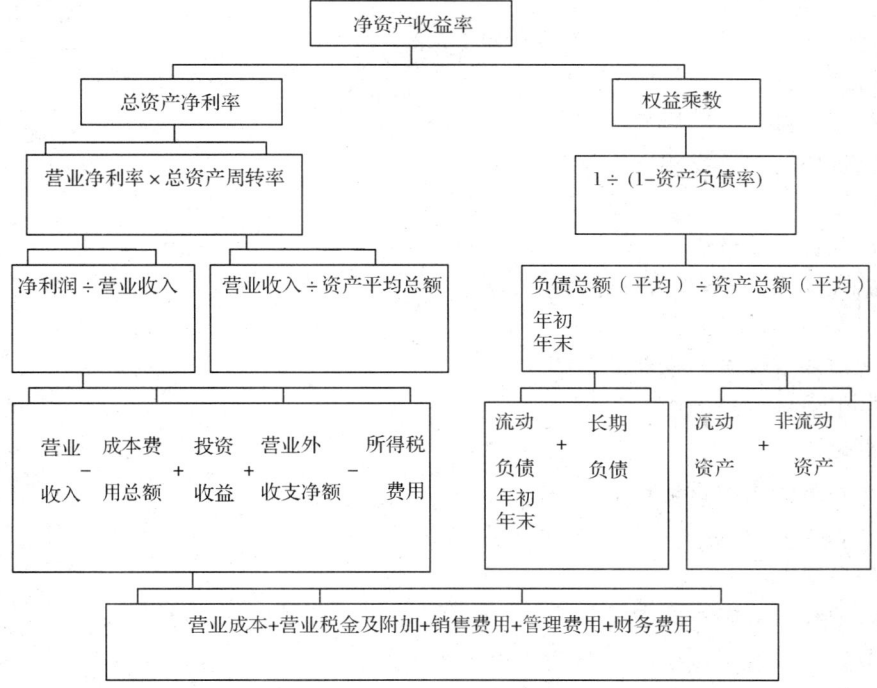

图 5-1 杜邦分析图

5.3　成本费用分析

1. 单位产品成本分析

1）产品单位成本的一般性比较分析。

根据表 5-4 资料，计算编制甲产品单位成本分析表，见表 5-32，并运用因素分析法作出分析评价。

表 5-32　甲产品单位成本分析表示例

甲产品单位成本分析表

单位：元

项　　目	本期实际成本	上期实际成本	节约或超支	
			金额	%
直接材料				
燃料和动力				
直接人工				
制造费用				
合计				

分析评价：

2）产品单位成本各主要项目分析。

（1）材料项目分析。

根据表 5-4、表 5-5 资料计算结果如下：

分析对象：

材料耗用量变动的影响＝

材料价格变动的影响＝

分析评价：

（2）工资项目分析。

根据表 5-4、表 5-6 资料计算结果如下：

分析对象：

工时消耗（效率）变动的影响＝

小时工资率变动的影响＝

分析评价：

（3）制造费用项目分析

根据表 5-4、表 5-7 资料计算结果如下：

分析对象：

工时消耗（效率）变动的影响＝

制造费用分配率变动的影响＝

分析评价：

2. 期间费用分析

1) 销售费用分析。

(1) 根据表 5-8 的资料，运用水平分析法，计算编制该企业销售费用变动情况分析表，见表 5-33，并作出分析评价。

表 5-33 销售费用变动情况分析表示例

销售费用变动情况分析表

编制单位：ABC 公司   单位：元

项　　目	本期数	上期数	增（减）额	增（减）率（%）
职工薪酬	8 280	6 900		
业务费	1 350	1 200		
运输费	3 550	3 200		
装卸费	1 640	1 500		
包装费	1 420	1 300		
物料消耗	1 600	1 180		
展览费	1 265	1 200		
广告费	18 400	12 400		
差旅费	2 065	800		
其他	430	320		
合计	40 000	30 000		

分析评价：

(2) 根据表 5-8 有关资料，运用垂直分析法，计算该企业销售费用结构分析表，见表 5-34，并作出分析评价。

表 5-34 销售费用结构分析表示例

销售费用结构分析表

编制单位：ABC 公司   单位:%

项　　目	本期数	上期数	增（减）
职工薪酬			
业务费			
运输费			
装卸费			
包装费			
物料消耗			
展览费			
广告费			
差旅费			
其他			
合计			

分析评价：

2）管理费用分析。

（1）根据表 5-9 有关资料，运用水平分析法，计算该企业管理费用变动情况分析表，见表 5-35，并作出分析评价。

表 5-35 管理费用变动情况分析表示例

管理费用变动情况分析表

编制单位：ABC 公司   单位：元

项 目	本期数	上期数	增（减）额	增（减）率（%）
职工薪酬	187 312.26	64 279.39		
折旧费	21 000	21 000		
办公费	7 200	4 300		
差旅费	5 800	5 100		
业务招待费	25 000	8 000		
低值易耗品摊销	9 000	6 200		
物料消耗	7 000	2 300		
无形资产摊销	8 400	7 400		
待处理财产损益	1 450	1 420		
车船使用税	1 800	1 800		
保险费	1 800	1 700		
印花税	80	50		
房产税	500	500		
其他	670	950		
合计	277 012.26	124 999.39		

分析评价：

（2）根据表 5-9 有关资料，运用垂直分析法，计算该企业管理费用结构分析表，见表 5-36，并作出分析评价。

表 5-36 管理费用结构分析表示例

管理费用结构分析表

编制单位：ABC 公司   单位：%

项 目	本期数	上期数	增（减）率
职工薪酬			
折旧费			
办公费			
差旅费			
业务招待费			

续表

项　目	本期数	上期数	增（减）率
低值易耗品摊销			
物料消耗			
无形资产摊销			
待处理财产损益			
车船使用税			
保险费			
印花税			
房产税			
其他			
合　计			

分析评价：

3）财务费用分析。

（1）根据表 5-10 有关资料，运用水平分析法，计算该企业财务费用变动情况分析表，见表 5-37，并作出分析评价。

表 5-37　财务费用变动情况分析表示例

财务费用变动情况分析表

编制单位：ABC 公司　　　　　　　　　　　　　　　　　　　　　　单位：元

项　目	本期数	上期数	增（减）额	增（减）率（％）
利息支出	83 000	30 000		
利息收入	32 000	13 000		
手续费	22 000	8 400		
汇兑损益	0	0		
其他	10 000	4 600		
合计	83 000	30 000		

分析评价：

（2）根据表 5-10 有关资料，运用垂直分析法，计算该企业财务费用结构分析表，见表 5-38，并作出分析评价。

表 5-38　财务费用结构分析表示例

财务费用结构分析表

编制单位：ABC 公司　　　　　　　　　　　　　　　　　　　　　　单位:%

项　　目	本期数	上期数	增（减）
利息支出			
利息收入			
手续费			
汇兑损益			
其他			
合计			

分析评价：

5.4　撰写财务与成本分析报告

　　财务与成本分析报告，是分析主体对企业一定时期的财务状况、经营成果、成本费用变动情况等进行分析与评价所形成的书面文字报告，是对分析结果的概括与总结。它对企业的经营者、投资者、债权人及其他单位及个人了解企业生产经营成果、财务状况，进行投资、经营等决策具有重要意义。

　　（1）根据以上财务分析的结果，对 ABC 公司 2012 年度的财务状况及经营成果进行概括与总结，说明该企业目前存在的主要问题，并提出改进措施。

　　（2）根据以上成本费用分析的结果，对 ABC 公司 2012 年的成本费用变动情况进行概括与总结，说明存在的主要问题，并提出改进措施。

　　要求：①重点突出、观点明确、客观公正。
　　　　　②结构合理、条理清晰，文字简练。

第6章

审计报告模拟实验

【实验目的】

审计报告模拟实验注重审计实务技能的训练，通过实验，使学生掌握注册会计师进行会计报表审计的实务操作流程及其审计报告的编制方法，加强对所学专业理论知识的理解，提高审计技能的操作水平。

【实验程序与要求】

（1）辅导老师根据实验需要，组织学生有针对性地学习注册会计师审计内容以及各种审计报告的编制方法。

（2）本实验按照实际工作中注册会计师进行年度会计报表审计的程序进行，学生针对实验提供的案例，完成必要的审计工作。

（3）撰写审计报告。

【实验资料】

（1）注册会计师赵俊、李红于 2012 年 3 月 20 日完成对宏图股份有限公司 2011 年年度会计报表的实地审计工作，宏图公司于 2012 年 4 月 15 日签署 2012 年年度会计报表。假定本年审计工作已完成各项规定审计程序，符合出具无保留意见审计报告的各项条件。

要求：请你替注册会计师赵俊、李红起草一份审计报告。

（2）甲会计师事务所的张明和李龙注册会计师对蓝海股份有限公司 2011 年度的会计报表进行审计，确定的会计报表层次重要性水平为 30 万元。审计外勤工作结束日是 2012 年 3 月 10 日，并于 2012 年 3 月 20 日递交审计报告。蓝海股份有限公司 2011 年度审计前会计报表反映的资产总额为 6 000 万元，股东权益总额为 1 600 万元，利润总额为 200 万元。

注册会计师经审计发现该公司存在以下三个事项：

（1）2010 年末和 2011 年末应收账款余额分别为 1 000 万元和 1 700 万元，公司的坏账核算方法一直采用备抵法，报告年度其坏账准备比例由 2010 年的 3％变更为 5％；

（2）2011 年 1 月，公司购买价格为 35 万元的管理部门用轿车 1 辆并入账，当月启用，但当年未计提折旧。公司采用平均年限法核算固定资产折旧，该类固定资产预计使用年限 6 年，预计净残值率为 5％；

（3）2012 年 1 月 25 日，公司原材料仓库因火灾造成 A 原材料毁损 200 万元，公司于当月按规定进行了相应的会计处理。

要求：如果该公司接受注册会计师对第 1、3 个事项提出的相应的处理意见，但拒绝接受对第 2 个事项提出的相应处理意见，请代注册会计师编制一份审计报告。

第 7 章

会计电算化模拟实验

【实验目的】

通过会计电算化模拟实验，使学生能够系统、全面地掌握企业会计电算化核算的基本程序和具体处理方法；加强学生对会计电算化基本理论的理解及基本技能的训练，缩短理论教学与实践的差距，提高学生分析问题、解决问题的能力和实际操作能力。

【实验程序与要求】

本实验按照实际工作中处理经济业务的程序进行。具体步骤如下所述：

1. 会计软件系统管理内容的设计

（1）操作员及权限的设置。

根据康达食品厂情况设置系统管理员及操作人员的工作权限。系统管理员在整个会计软件系统中享有最高的权限，包括：设置和修改管理员密码、设置操作员和新建账套等。操作员需定义操作人员姓名、操作权限、操作密码。

（2）账套的建立。

在单位首次使用会计软件时，需要首先建立新的核算账套。由系统管理员根据该厂的实际情况设置，账套建立必须进行相应的参数设置，包括确定账套号与账套名称、系统启用日期、账套路径、设置会计期间、单位的行业性质、分类编码方案、基础信息、数据精度等。这些参数决定了系统内数据处理的方式及数据输入、输出形式，所以本项工作十分重要，必须认真完成。

2. 总账系统账簿选项内容的设计

为使会计软件的功能和控制适应使用单位的实际管理需要，符合会计制度的要求，在初次使用总账系统前，需要由账套主管根据该企业实际需要在"选项"中进行制单控制设定和凭证控制设定。

3. 总账系统初始化的设计

根据康达食品厂的实际情况，将通用的总账系统转化成适合本单位核算要求的"专用总账系统"。初始化设计是总账系统作业设计最基本、也是最重要的设计。设计内容包括会计科目、辅助账目录、凭证类别、结算方式的设计等。

（1）会计科目设计。

会计科目的设计是总账初始化中最重要的一项工作，账务处理系统在使用前根据企业会计准则的规定、该厂业务特点和本教程第 2 章所提供的建账资料设置会计科目。会计科目设置的基本内容包括：科目代码、科目名称、科目性质、账页格式、辅助核算等。

（2）辅助账目录的设计。

将科目设置为具有辅助核算要求后，如需进行部门、个人、项目、客户往来和供应商往来核算的，就要分别设置部门目录、个人目录、项目目录、客户目录和供应商目录，形成本单位的辅助账目录档案。部门目录设置就是按照已经定义好的部门编码方案输入部门编号及其信息，如部门编码、名称、负责人、部门属性等；个人目录设置就是对本单位与财务科有经济往来的职员列表，包括职员编码、名称、所属部门及职员属性等；项目目录设置是将具有相同特性的一类项目定义为一个项目大类，在项目大类下设置其所属每一个项目的名称及其他信息，也可以在项目大类下先分小项目进行管理；客户和供应商目录设置是对本单位的客户和供应商按照已经定义好的编码方案输入这些单位的编码、名称等信息，以便在业务处理中进行详细管理。

（3）结算方式设计。

为了对经营活动中的每笔业务加以详细了解，应进行结算方式的设计，即把单位中需要使用的各种结算方式如：现金结算、支票结算、银行汇票结算等按照设定的编码方案进行整理、输入，以便在凭证制作时，进行辅助录入。设置的内容主要包括结算方式编码、结算方式名称、票据管理标志等，它们是将来进行银行对账、启用支票登记簿的前提（本实验略）。

（4）凭证类别设计。

该企业设计三种制记账凭证，即收款凭证、付款凭证和转账凭证。设计的内容主要包括凭证类别代码、凭证类别名称、限制类型、限制科目。

（5）初始余额的录入。

设置会计科目后，根据本教程第 2 章建账资料的初始余额录入计算机，初始余额包括各级会计科目和各辅助账的期初余额。在初始余额录入后应注意进行试算平衡，使全部科目的借方余额等于贷方余额，总账的余额等于其所属明细账（或辅助账）的余额之和。

4. 总账系统日常处理

（1）填制凭证。

记账凭证是登记账簿的依据，要求直接在计算机上根据审核无误准予报销的原始凭证填制记账凭证。

输入时应注意：

① 凭证输入日期的顺序必须在保证上一天的凭证全部输入的情况下，才能输入当天的凭证。

② 注意会计科目必须输入最底层的会计科目编码。

③ 注意如果会计科目有辅助账，必须同时输入辅助账的内容。

（2）审核凭证。

凭证录入完毕，要进行审核。内容主要包括：所附原始凭证的张数、金额、业务内容是否与记账凭证相符，记账凭证所有科目是否正确，辅助核算内容是否完整等。审核完毕，必须由审核员签字盖章。审核发现记账凭证有错的，如果是在记账前，可以用取消审核的功能，取消审核后进行修改；如果已记账，必须用红字冲销法或补充登记法进行更正。需要注意的是同一凭证的制单人和审核人不能为同一人。

（3）记账与结账。

记账前必须进行数据备份，然后由有记账权限的操作员发出指令登记账簿。结账是由有结账权限的操作员发出结账指令，系统得到结账信息后认为本月数据已处理完毕，自动把当月期末余额结转到下月，结转后不能再录入当月凭证，所以结账前应确保账簿记录的正确性。在记账或结账后发现账簿记录错误时，应采用红字冲销法或补充登记法进行修改，以便留下痕迹。

（4）账簿信息输出。

账簿信息输出有查询、打印等方式。打印的方式有套打和非套打两种方式。学生应根据该企业条件设计好账簿信息输出的方式、方法。

账簿信息输出试验略。

【实验资料】

（1）本教程第 2 章康达食品厂建账资料。

（2）本教程第 2 章康达食品厂 2012 年 12 月份经济业务。

主要参考文献

国家税务总局注册税务师管理中心.2004.税务代理实务.北京:中国税务出版社

王剑英,李锦元.2005.会计综合实训教程.北京:科学出版社

中华人民共和国财政部.2006.企业会计准则.北京:经济科学出版社

中华人民共和国财政部.2006.企业会计准则——应用指南.北京:经济科学出版社

中华人民共和国财政部会计司编写组.2006.企业会计准则讲解.北京:经济科学出版社